六角会館研究シリーズ Ⅶ

親鸞教義の諸問題

内藤知康編

永田文昌堂

はじめに

本書は京都の六角仏教会から頂いた二〇〇九年度・二〇一〇年度研究助成金を基に立ち上げた研究グループの研究成果をまとめたものである。研究グループの構成員は編者有縁の人々であり、研究テーマは「親鸞教義の諸問題」である。現在の真宗学は、親鸞によって組織化・体系化された真宗教義を研究分野とする真宗教義学、親鸞以前の浄土教の教理の歴史を研究分野とする浄土教理史、親鸞以降の真宗教学展開の歴史を研究分野とする真宗教学史、真宗伝道の理念・歴史・方法論等を研究分野とする真宗伝道学の四分野に分かれている。研究テーマの「親鸞教義の諸問題」は狭義にとらえれば「真宗教義学の諸問題」と同義となり、構成メンバーの選んだ研究テーマは当然真宗教義学のテーマが多数を占めることになった。しかし、浄土教理史を親鸞教義形成の背景と位置づけ、また親鸞教義の受容方法や受容結果の歴史である真宗教学史を現代の我々が親鸞教義を受容するにあたっての資助と位置づけることによって、「親鸞教義の諸問題」を最大限広義に解釈し、真宗教義学以外の分野も排除することはしなかった。その結果本書の内容が広がったというのは我田引水となるであろうか。

真宗教義学に関して、時に「すでに解答が示されている問題を取りあげて何が面白いのか」との意見を耳にすることがある。しかし、真宗教義における様々な問題に対して、全て明確な解答がすでに存在しているのではない。

相違する二つの学説について、その当否を判断するのに苦慮する問題も多く存在する。そのような問題について、両説の論拠を検討し、一方をより説得力のある学説と判断しうる新たな論拠を提示することができるならば、それは充分研究成果として評価されるべきものである。あるいは、通説と異なる説を提示する場合は、通説の論拠を検討し、自説の論拠がより妥当であることを論証しなくてはならない。通説の論拠を検討せず、ただ通説を批判するのみでは、単に思いつきを述べただけであり研究の名に値しない。時にそのような研究発表に出会うことがあるが、嘆かわしい次第である。

また、真宗教義を真に理解するということは、自らが歩む仏道として理解するということである。すでに解答が存在しているとしても、自身がその解答を理解していないのならば、その解答は存在しないのと同じである。しかし、真宗教義を自らが歩む仏道であると理解するということは、それを恣意的な理解の免罪符にするということではない。親鸞が明らかにした阿弥陀仏の救済の構造を、他人ごととして理解するのではなく、自らの身にはたらいているものと受容することは重要であるが、同時にその救済構造は親鸞自身の言葉を正しく理解した上でのことでなくてはならない。親鸞の著作を文献として検討するにあたっては、断章取義することなく文脈に忠実に解釈するとともに親鸞の著作全体との整合性を考察する等の処理を経て、親鸞の教説を明確にしなくてはならない。

いうまでもなく、「親鸞教義の諸問題」は多岐にわたり、本書はその一斑を示したものである。親鸞教義の全体像の一部を管見したものにすぎない。しかし、本書所収の各論文は以上述べた諸点に照らして充分水準以上に達したものであると判断でき、編者としてはこれらの論文を提供できたことを喜びとしているが、読者諸賢の忌憚のないご批判をいただければ幸いである。

最後になったが、研究助成金を賜った六角仏教会に厚く御礼を申しあげるとともに、本書刊行を引き受けて下さった永田文昌堂様に感謝の意を表したい。また、本書の原稿のとりまとめや執筆者紹介の素案作成等を三浦真証氏にお願いした。ここに記して謝意を表する。

平成二十八（二〇一六）年八月末日

内　藤　知　康

目次

親鸞教義の諸問題

『教行信証』の概要

内藤知康

序、『教行信証』の基本的性格

浄土真宗の教義とは、言説化・論理化された親鸞自身の宗教体験が、組織化・体系化されたものであると意義づけることができる。親鸞の宗教体験とは、阿弥陀仏の本願に全託することによって、阿弥陀仏の光明に摂取され、間違いなく往生成仏できる身となるというものであって、その宗教体験はそのまま阿弥陀仏の救済活動の具現化ということである。すなわち、浄土真宗の教義とは、言説化・論理化された阿弥陀仏の救済活動が組織化・体系化されたものに他ならない。その言説化・論理化・組織化・体系化は仏教の論理、就中浄土教の論理によってなされているのであり、そのように組織化・体系化された浄土真宗の教義の全体像が述べられているのが『顕浄土真実教行証文類』（以下『教行信証』と略称する）なのである。その意味で『教行信証』は、親鸞によって体験された阿弥陀仏の救済活動の構造が叙述された書物として、その基本的性格をみることができよう。

一、『教行信証』の形式と構造

（一）、『教行信証』の形式

『教行信証』は「顕浄土真実教行証文類」と題されているが、文類とは一定のテーマにそった諸文が集録された書物であり、南宋の宗暁の『楽邦文類』（『教行信証』にも引用されている）等がある。しかし、『楽邦文類』は、ただ西方願生に関する諸文が集録されているだけであるが、『教行信証』は、親鸞が阿弥陀仏の救済活動の構造を明確にするために、様々な経・論・釈の文を集め、その集められた文を適宜配列し、要の箇所に親鸞自身の文（この文は従来御自釈といわれている）が置かれているという形式になっている。量的にいえば全体の大部分を引用文が占めているが、一つのテーマの発端や結び、あるいはテーマの核心の叙述が、親鸞自身の文によってなされることによって、書物全体が一つの構想に基づき、論理的に展開したものになっているのである。

引用文を中心にみれば、『教行信証』は、経（仏説）・論（インドの菩薩の著述）・釈（中国・日本の人師の著述）の文によって阿弥陀仏の救済活動が叙述され、その要点が親鸞自身の文によって示された書物であるとみることができる。逆に、親鸞自身の文を中心にみれば、親鸞が、自身の文で阿弥陀仏の救済活動の要点を叙述し、仏の言説（経）や菩薩の論、また人師の釈を引用することによってその真実性を証するとともに、救済活動の細部にわたる内容を明らかにした書物であるとみることもできるのである。いうまでもなく、この二つの見方は、一方が正しい見方、他方が誤った見方というものではない。膨大な引用文は、要所に置かれた親鸞自身の文が無ければ、読者をして混迷に陥らせるのみであろうし、親鸞自身の文のみの構成であるならば、親鸞の宗教体験に基づく叙述の基盤となっている仏教の論理・浄土教の論理が見失われるだけではなく、単なる独善的な叙述に過ぎないと見なされるおそれも皆無ではないであろう。

（二）、『教行信証』の構造

『教行信証』は内容的には六部に分かれ、それぞれ、「顕浄土真実教文類一」（以下「教巻」と略称する）・「顕浄土真実行文類二」（同じく「行巻」と略称し、以下同様の略称を用いる）・「顕浄土真実信文類三」・「顕浄土真実証文類四」・「顕浄土真仏土文類五」・「顕浄土方便化身土文類六」と題されている。「教巻」の前には全体の序文（これを「総序」という）が置かれ、「信巻」には特別に序文（これを「別序」という）が置かれ、「化身土巻」の最後には、全体の結びと見られる一群の文が置かれていて、これはまた「後序」といわれている。すなわち、『教行信証』は以下のような構造を持っているのである。

総序
顕浄土真実教文類一
顕浄土真実行文類二
顕浄土真実信文類三（別序が置かれる）
顕浄土真実証文類四

顕浄土真仏土文類五

顕浄土方便化身土文類六（最後に、後序が置かれる）

一見して分かることは、前五巻の題には「真実」もしくは「真」の語が付され、第六巻の題には「方便」の語が付されていることである。このことから前五巻は「真実の巻（真実五巻）」、第六巻は「方便の巻」といわれている。ここでの「方便」は「真実」に対する語であり、「真」に対する「仮」でもある。

真実の巻と方便の巻

仏教で一般的に真仮すなわち真実と方便を論じるのは、釈尊の教説についてである。すなわち、八万四千の法門といわれるほど膨大かつ多様性に富む教法について、何が釈尊の本意であり、何が釈尊の本意でないのかを判定する作業が行われ、釈尊の本意に随って説かれた教説を真実とし、釈尊の本意に随わず教化の対象である衆生の意に随って説かれた教説を方便とするのであり、これを随自意真実、随他意方便という。自とは釈尊自身を意味し、他とは衆生を意味する。この場合の方便は真実への導入という意味を持ち、真実に入った後は捨て去られるべきものと位置づけられ、これを暫用還廃（暫く用いて還って廃す）という。このように、一般的には釈尊の教説に真仮を見るのであるが、阿弥陀仏の願に真仮をみるところに、親鸞の特徴がある。すなわち、第十九願が自力諸行往生を誓われた願、第二十願が自力念仏往生を誓われた願とし、これらを方便の願とするのである。そして、後に述べるが、親鸞は『観無量寿経』（以下『観経』と略称する）と『阿弥陀経』とに、隠顕という二重の構造を見て、第十九願の自力諸行往生法が顕説される『観経』と第二十願の自力念仏往生法が顕説される『阿弥陀経』とを方便の教説とする。

方便とは、真実への導入、すなわち真実に誘引するためのものと位置づけられる。すなわち自力往生の法門は他力往生の法門に誘引するためのものであり、他力往生の法門に入った後は、間違ったものとしてえらびすてられる。その誘引という側面に着目したとき、権りに用いるとして権用といい、誘引し終わった後に間違ったもの（非）としてえらびすてる（簡）という側面に着目したとき、これを簡非という。親鸞は、真実の法門への自らの帰入について、まず第十九願の自力諸行往生の法門に入り、第二十願の自力念仏往生の法門を経て、最終的に第十八願の他力念仏往生の法門に入ったと述懐している。その意味から親鸞は、第十八願の法門に入らせるために第十九願・第二十願が設けられたこと、また『観経』・『阿弥陀経』が説かれたことについて、深く感謝の思いを述べているのである。しかしながら、親鸞自身は第十九願・第二十願の法門を経由したのであるが、これは万人が必ず経由しなければならないものではない。その意味で、親鸞は、自力往生の法門を勧めることはなく、かえって回り道せずに直ちに第十八願の法門に入れと勧める。よって、「化身土巻」とは、自力往生の法門をえらびすてよと誡めるところに、第一義的な意義があると見なくてはならない。

『教行信証』全体の構成を考察するにあたって、まず前五巻（真実五巻）と第六巻（方便巻）との関係を述べる。まず第一点は、前五巻は顕真実の巻であり、第六巻は顕方便の巻であるが、顕真実は顕是（是―依るべき法―を顕す）、顕方便は簡非（非―依ってはならない法―を簡ぶ〈えらびすてる〉）と言い換えることができる。次に、第六巻の注目すべき点は、西本願寺本（本願寺派本願寺所蔵本、親鸞没後十数年後の書写本）の尾題（本文が終わった後に置かれている題目）が「顕浄土方便化身土文類六」となっているが、坂東本（真宗大谷派所蔵本、現存する唯一の親鸞真筆本）の尾題が「顕浄土真実教行証文類六」となっていることである。これによれば、第六巻も顕真実の巻であるということになる。すなわち、第六巻においては、顕方便がそのまま顕真実の意味を持つということである。では、いかにして顕方便がそのまま顕真実の意味を持つのであろうか。先哲は、第六巻の顕真実を遮顕という言葉で表現している。遮顕とは、真実でないもの（方便）を顕すことによって、真実を顕すという意味である。顕真実のありようが、前五巻は「これが真実である」というかたちで真実が顕され（これを表顕という）、第六巻は「これは真実ではない」というかたちで真実が顕されている（これが遮顕である）のである。

以上、前五巻と第六巻との関係は次のようになる。

前五巻……真実……顕是……表顕（＝顕真実）

第六巻……方便……簡非……遮顕（＝顕真実）

真実五巻の関係

「教巻」の冒頭に、

謹案浄土真宗、有二種回向。一者往相、二者還相、就往相回向有真実教行信証。

つつしんで浄土真宗を案ずるに、二種の回向あり。一つには往相、二つには還相なり。往相の回向について真実の教行信証あり。

とある文は、従来真宗教義の基本的な骨格を示した文といわれている。すなわち、浄土真宗という法義は、往相回向と還相回向との二つの回向によって成り立っていて、その往相回向に真実の教・行・信・証があると示されている。よって、二回向（往相回向と還相回向）四法（教・行・信・証）をもって、真宗教義の基本的骨格とするのである。

さて、『教行信証』の前五巻、すなわち真実五巻の上に二回向四法という真宗教義の基本的骨格がどのようにみられるのかということを図示したのが、次図である。

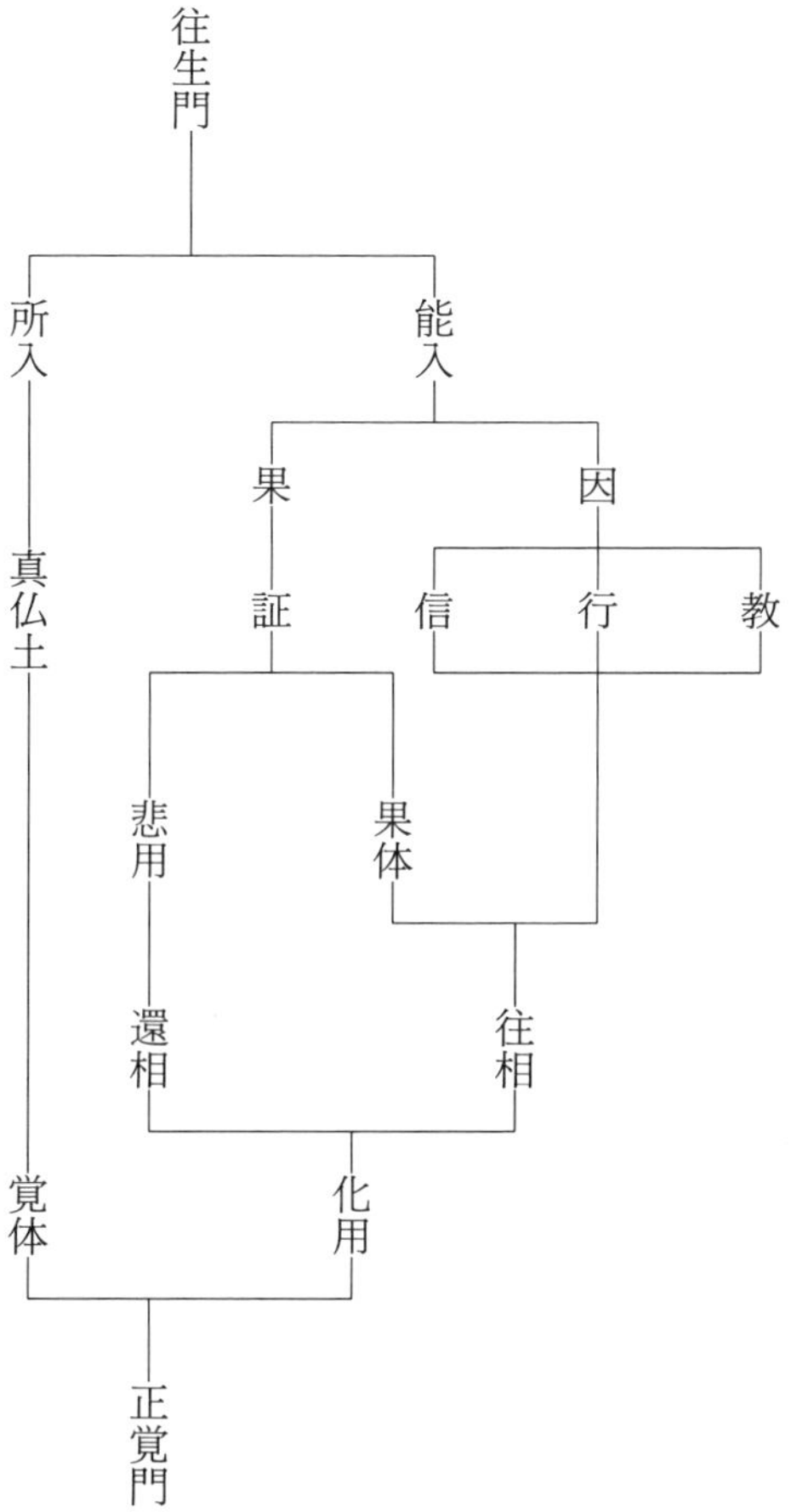

中央の教・行・信・証・真仏土が、それぞれ真実五巻の内容である。先ず、上に向かって見てゆくと、教・行・

信を因として証という果をえるというのが、浄土というさとりの世界に入っていくありさまであり、これを能入という語で示す。そして、真仏土は、入られる悟りの世界であり、これを所入という語で示す。そして、この全体が衆生の往生の構造であり、これを往生門というのである。次に、教・行・信・証・真仏土を下に向かって見てゆくと、「証巻」では、まず浄土に往生してえられる仏のさとり（これを果体という）について釈され、次いで還相回向について釈される。教・行・信の因によって浄土に往生して仏のさとり（果体）をえるというのが、衆生往生のすがたであり、これが往相である。そして、果体にそなわっている慈悲のはたらき（これを悲用という）こそが還相であり、往相・還相ともに、阿弥陀仏の教化のはたらき（これを化用という）に他ならず、その化用は真仏土に示される阿弥陀仏のさとりそのもの（覚体）にそなわったはたらきである。そして、これら全体が阿弥陀仏の衆生救済の活動、すなわち衆生を往生させるための正覚ということで、これを正覚門というのである。

真実五巻にあらわされている内容とは、阿弥陀仏の救済活動の全体像であり、その救済活動によって救われてゆく衆生のすがたが教・行・信・証・真仏土という順序で示されている。そして、阿弥陀仏の救済活動は、真仏土に示される阿弥陀仏のさとりそのものを本源とする。阿弥陀仏の救済活動は真仏土を本源とするので真仏土から出発し、その救済活動によって衆生は真仏土に往生するので、救われてゆく衆生のすがたは真仏土を帰着点とする。すなわち、真仏土からはじまり、真仏土に終わるという円環的な構造をもって真実五巻をみることができるのである。

『教行信証』の構成

今一度『教行信証』全体の構成をみてみると、「総序」の後、「教巻」の冒頭に、浄土真宗という法義は、往相回向と還相回向とによって構成され、往相回向について真実の教・行・信・証があると示される。続いて、真実教について説示され、これが「教巻」の内容である。次に「行巻」では、大行すなわち真実行について、「信巻」では、大信すなわち真実信について説示される。そして、「証巻」では、真実証すなわち往生人が浄土においてえる仏のさとりが示され、

夫案真宗教行信証者、如来大悲回向之利益。故若因若果、無有一事非阿弥陀如来清浄願心之所回向成就。因浄故、果亦浄也。応知。

それ真宗の教行信証を案ずれば、如来の大悲回向の利益なり。ゆゑに、もしは因、もしは果、一事として阿弥陀如来の清浄願心の回向成就したまへるところにあらざることあることなし。因浄なるがゆゑに、果また浄なり、知るべしとなり。

と、因（教・行・信）も果（証）も阿弥陀如来の回向成就であると結ばれる。この文が、すなわち往相回向釈の結文である。続いて、

二言還相回向者、則是利他教化地益也。

二つに還相の回向といふは、すなはちこれ利他教化地の益なり。

と、還相回向釈が展開される。「証巻」の結文は、

爾者、大聖真言、誠知、証大涅槃籍願力回向。還相利益顕利他正意。是以論主宣布広大無碍一心、普遍開化雑染堪忍群萌。宗師顕示大悲往還回向、慇勤弘宣他利利他深義。仰可奉持、特可頂戴矣。

しかれば、大聖の真言、まことに知んぬ、大涅槃を証することは願力の回向によりてなり。還相の利益は利

他の正意を顕すなり。ここをもつて論主は広大無礙の一心を宣布して、あまねく雑染堪忍の群萌を開化す。宗師は大悲往還の回向を顕示して、ねんごろに他利利他の深義を弘宣したまへり。仰いで奉持すべし、ことに頂戴すべしと。

であるが、これは往還二回向を結ぶ文である。

続く「真仏土巻」においては、真仏・真土が顕される。最後に

仮之仏土者、在下応知。―中略―良仮仏土業因千差、土復応千差。是名方便化身化土。

仮の仏土とは、下にありて知るべし。―中略―まことに仮の仏土の業因千差なれば、土もまた千差なるべし。これを方便化身・化土と名づく。

と、真仮を対弁する文があり、これを承けて、次に「化身土巻」が開かれるのである。

二、題号

題号とは、「顕浄土真実教行証文類」という題目と、「愚禿親鸞集」という撰号のことである。

まず、題目の「顕」の意義については、二種の解釈が可能である。「顕浄土真実教行証文類」という題目について、訓読するとすれば、

浄土真実の教行証を顕す文類

浄土真実の教行証文類を顕す

という、二様の訓み方が可能である。前者の訓みでは、『教行信証』中に引用される三経七祖等の文が浄土真実の教行証を顕しているという意味となり、後者の訓みでは、親鸞が浄土真実の教行証文類を顕すという意味となる。題目に続く撰号の「愚禿釈親鸞集」と併せ考えると、「浄土真実の教行証を顕す文類」を親鸞が集めたということで、前者の訓みが妥当であると言える。しかしながら、

・夫顕真実教者、則大無量寿経是也。(「教文類」)

それ真実の教を顕さば、すなはち『大無量寿経』これなり。

・謹顕真実証者、則是利他円満之妙位、無上涅槃之極果也。(「証巻」)

つつしんで真実の証を顕さば、すなはちこれ利他円満の妙位、無上涅槃の極果なり。

・謹顕化身土者、仏者如無量寿仏観経説、真身観仏是也。土者観経浄土是也。(「化身土巻」)

つつしんで化身土を顕さば、仏は『無量寿仏観経』の説のごとし、真身観の仏これなり。土は『観経』の浄土これなり。

・横超者、憶念本願離自力之心、是名横超他力也。……已顕真実行之中畢。(「化身土巻」)

横超とは、本願を憶念して自力の心を離る、これを横超他力と名づくるなり。……すでに真実行のなかに顕しをはんぬ。

の「顕」の用例からすれば、親鸞が顕すという意味の後者の訓みも、また妥当であると言いうるであろう。

次に、「浄土」は往生浄土の略である。法然の『選択集』「二門章」に、

道綽禅師、立聖道浄土二門而、捨聖道正帰浄土之文。

道綽禅師、聖道・浄土の二門を立てて、聖道を捨ててまさしく浄土に帰する文。

と標され、以下に引用される『安楽集』の文には、

一謂聖道、二謂往生浄土。

一にはいはく聖道、二にはいはく往生浄土なり。

といわれている。すなわち、「浄土」とは往生浄土の法門の意であるということができる。

なお、先哲は、「浄土」の語には所期（当来の往生を期する世界、穢土に対する）と所宗（法門、聖道に対する）との二つの意味があるとして、題目の「浄土」について、所期をもって所宗に名づけるとする。なぜなら、第五巻の題目「顕浄土真仏土文類」の「浄土」の語を所期とすると、下の「真仏土」の語と重複するので、題目中の浄土は、所宗を意味すると論じている。

次に、「真実」は、第六巻の方便に対する語であるが、真実と方便とについては、すでに述べた。

次に、「教行証」は、教と行と証である。それぞれについては、各巻の内容を述べる箇所にゆずり、ここでは、題目の「教行証（これを三法という）」と内容の「教行信証（これを四法という）」との相違について、若干説明を加えておく。

三法と四法とについては、法然の三法と親鸞の四法、また親鸞における三法と四法と、問題が多岐にわたり、詳述する暇がないので、簡単に述べておこう。

三法と四法との相違は、行の中に信を摂めるのか、行から信を別に出すのかという相違である。行を念仏とすれば、他力の念仏は他力の信心から出てくるものであるから、行為としてあらわれる他力の念仏に、内にたくわえら

れている他力の信心を摂めると三法になり、念仏と信心とを並べて出すと四法となる。また行を名号とすれば、名号とは願力であり、信心とは名号願力のはたらきによって成立するので、名号願力に信心を摂めれば三法となり、信心を別に出せば四法となるのである。

三、『教行信証』各巻の内容

(一)、「総序」

総序は大きく三段に分けることができる。

「竊以」から「真理也」までは、法義を讃嘆する一段であり、続く「爾者」から「聞思莫遅慮」までは、その法義への信順を勧め疑いを誡める一段である。そして、「爰愚禿釈親鸞」から最後「嘆所獲矣」までは、『教行信証』撰述の理由が示される一段である。

(二)、「教巻」

『教行信証』全六巻には、それぞれ、まず標挙があり、次に内題(題目・撰号)、そして本文に入り、最後に尾題が置かれている。「教巻」の標挙は、鎌倉三本といわれる坂東本・高田派専修寺所蔵本(親鸞在世時の書写本の転写本)・西本願寺本の中で、坂東本には欠落しているのであるが、その他の本に依ると、まず「大無量寿経」とあって、その下に「真実之教」と「浄土真宗」とが、細字で二行に分けて記されている（これを細註という）。続いて、「顕真実教一」「顕真実行二」「顕真実信三」「顕真実証四」「顕真仏土五」「顕化身土六」との六行がある。これは、『仏説無量寿経』（以下『大経』と略称する）こそが真実の教であり、その『大経』に説かれる法義が浄土真宗であることがまず示され、続いて浄土真宗の法義とは、以下述べられる真実教一から化身土六までであると示されているとみることができる。すなわち、「教巻」の標挙が、そのまま『教行信証』全体の標挙となっているのである。これは、先に述べたように、「教巻」の冒頭に真宗法義の基本的な骨格が示されていることと軌を一にするものといえよう。

「教巻」の内容は、まず、教義の基本的な骨組みを示す文があり、次いで真実教とは『大経』であると示され、続いて『大経』の大意が示された後、『大経』の要は本願であり、本質は名号であると示される。真実とは、先に述べたように随自意を意味し、真実教とは釈尊の本意が示された経典を意味する。それはまた出世本懐の経典（釈尊がその内容を説くために娑婆世界に出現した経典）が『大経』であるという意味ともなる。

「教巻」には、『大経』が出世本懐の経典とする理由として、『大経』を説くにあたっての釈尊の瑞相（これを五徳瑞現という）と、仏が迷いの世界に出現する理由は、苦悩の衆生に真実の利を与えるためであることとが示される。親鸞は、一切衆生が迷いの苦しみから脱け出すことのできる仏道は、自らの力を役立たせる必要のある自力の仏道ではなく、自らの力を役立たせる必要のない仏道、言い換えると役立つ力を持つ必要のない本願他力の仏道のみであるとされ、その本願他力が説かれる『大経』を出世本懐の経典とされたのであった。

（三）、「行巻」

「行巻」の主題は行である。まず標挙は「諸仏称名之願」と第十七願が標願され、「浄土真実之行」と「選択本願之行」とが細註されている。

本文に入り、

謹案往相回向、有大行、有大信。大行者則称無碍光如来名。斯行即是摂諸善法、具諸徳本。極速円満。真如一実功徳宝海。故名大行。然斯行者出於大悲願。

つつしんで往相の回向を案ずるに、大行あり、大信あり。大行とはすなはち無礙光如来の名を称するなり。この行はすなはちこれもろもろの善法を摂し、もろもろの徳本を具せり。極速円満す、真如一実の功徳宝海なり。ゆゑに大行と名づく。しかるにこの行は大悲の願より出でたり。

と、まず大行・大信が阿弥陀仏の回向によって成立していること、大行とは称名であること、その行は全ての善を摂め全ての功徳を具え、極めて速やかに衆生において利益を完成させ、また真如そのものの具現であるゆえ大行と名づけられるということ、そして、この大行は第十七願より出たものであることが示される。

従来、そもそも大行とは何であるのかについて、「大行者則称無碍光如来名」との説示から大行を称名とする理解、「摂諸善法、具諸徳本。極速円満。真如一実功徳宝海」を衆生の行為に求めることはできないので、大行を名号そのものとする理解、また、何らかの形で両者を統合した理解等が提示されてきた。具体的な論点については、すでに個々の見解について検討された多くの研究論文や全体を見渡した研究書にゆずることとし、ここでは、現在の定説を紹介することにとどめておく。

現在の本願寺派における定説では、大行とは本願力そのものである名号のことであり、その名号は衆生の信心となり念仏となって現に活動しているとされる。「大行者則称無碍光如来名」は、名号が固定的実体的なものではなく、現に衆生の念仏として活動しているものであることをあらわしたものであり、念仏として活動している名号であるからこそ、「摂諸善法、具諸徳本。極速円満。真如一実功徳宝海」であるのだということである。結局、「行巻」とは、衆生を信じさせ、念仏させ、往生成仏させる力・はたらきであるところの名号について明かされた巻であるということができる。

次に「行巻」全体の構成を述べると、「然斯行者出於大悲願」の後、第十七願の願名が五つ挙げられ、ついで第十七願文・第十七願成就文等、経文が引用される。経文の最後『悲華経』の引用の後、名号の活動相としての称名が衆生の無明を破り志願を満たすと釈する称名破満釈が置かれ、称名を転釈して名号に帰すること、その名号が信心となって活動することが示される。続いて論・釈の引用に入るが、「行巻」においては、七祖全ての著作が時代順に引用される（これは、「行巻」のみである）。その中、善導の引用が終わった後、善導の六字釈を承けて親鸞の六字釈が展開される。南無阿弥陀仏のすがたも、心も、力・はたらきも全て仏辺で示される釈である。親鸞の六字釈の後、後善導といわれる法照の引用があり、その後憬興等の聖道諸師の引用にまで及ぶ。次いで日本の二祖の引用によって七祖の引用が終わる。次に行信利益の釈、両重因縁釈、行一念釈が置かれ、「斯乃顕真実行明証（これすなはち真実の行を顕す明証なり）」等と親鸞自身の言葉で結ばれる。

以上大行を顕しおわって、他力釈と一乗海釈という、二つの要義についての追釈が置かれる。法然の『選択集』

には、諸行が劣・難であるのに対し、念仏に勝・易の二徳が語られるが、他力釈においては大行の易徳が、一乗海釈においては大行の勝徳が語られているのである。そして、「行巻」の最後に置かれているのが「正信念仏偈」であるが、この偈は「行巻」と「信巻」との蝶番の役目を果たしていると見ることができる。

(四)、「信巻」

「信巻」の別序には、「且至疑問遂出明証(しばらく疑問を至してつひに明証を出す)」との文があるが、これは本文の三一問答を意味していると考えられる。

「信巻」の標挙は、「至心信楽之願」と第十八願が標願され、「正定聚之機」と細註されている。これは、第十八願に誓われる信心をえた衆生は、正定聚(間違いなく仏に成ることのできるともがら)となることを示している。

本文に入り、大信のすばらしさが十二の側面から讃嘆され、その大信とは、念仏往生の願(第十八願)より出たものであることが示される。その後、第十八願の願名が四つ挙げられるが、中でも特にこの第十八願が選択本願と名づけられるというのは、注目すべきであろう。続いて、

然常没凡愚、流転群生、無上妙果不難成、真実信楽実難獲。何以故、乃由如来加威力故、博因大悲広慧力故。遇獲浄信者、是心不顛倒、是心不虚偽。是以極悪深重衆生、得大慶喜心、獲諸聖尊重愛也。

しかるに常没の凡愚、流転の群生、無上妙果の成じがたきにあらず、真実の信楽まことに獲ること難し。なにをもつてのゆゑに、いまし如来の加威力によるがゆゑなり、博く大悲広慧の力によるがゆゑなり。たまたま浄信を獲ば、この心顛倒せず、この心虚偽ならず。ここをもつて極悪深重の衆生、大慶喜心を得、もろも

ろの聖尊の重愛を獲るなり。

と述べられ、「さとりを開くことが難しいのではなく、真実の信心をうることが難しいのである」と、一見逆説めいた説示からはじまるが、これは、真実の信心をうれば、さとりを開くのは必然の流れであり、その真実の信心をえることこそが肝要であるという意味であり、また、真実の信心とは、如来の加威力・大悲広慧の力、すなわち他力によってえられる信心であるから、自力によってうることは不可能であることが示されているのである。そして、私たちにとっては思いがけない出遇いとしか言いようのない本願との出遇い、すなわち獲信に至れば、その信心こそが真実の信心であり、また真実の信心をえて諸仏に愛でられると結ばれている。

その後「行巻」と同様、正依・異訳の第十八願文・第十八願成就文等が引用される。次いで、『往生論註』・『讃阿弥陀仏偈』・『観経疏』・『般舟讃』・『往生礼讃』・『往生要集』が引用される。その中注目するべきは、『往生論註』の二不知三不信が引用され、如来を実相身・為物身と知る二知、また淳心・一心・相続心の三信こそが大信の内容であることが反顕されるとともに、「行巻」の称名破満釈と呼応して、大信獲得において破闇満願されることが示されていることである。また、『観経疏』は「定善義」・「序分義」・「散善義」が引用されるが、特に「散善義」の三心釈の引用においては、「化身土巻」引用の同箇所と対照してみると、親鸞が、他力の信を示す文と自力の信を示す文とを、相互の文の出没において示していることも注目点である。また、流布本が「称名号下至十声一声等、定得往生（名号を称すること下十声・一声等に至るに及ぶまで、さだめて往生を得しむ）」となっている『往生礼讃』を直接引用せず、「称名号下至十声聞等、定得往生（名号を称すること下至十声聞等に及ぶまで、さだめて往生を得しむ）」となっている『集諸経礼讃儀』から孫引きすることが明確にされていることから、「聞」すなわち信心に結帰する意趣が知られることも注目されるべきであろう。そして、引用文によって大信が明らかにされる一段は、行信ともに阿弥陀如来の清浄願心の回向成就であると結ばれる。

次に置かれる問答が三一問答とよばれるものであり、「信巻」別序の文に基づくと、この問答こそが「信巻」の中心テーマであると考えることもできる。その三一問答のテーマとは、まず第十八願の「至心信楽欲生我国（心を至し信楽してわが国に生れんと欲ひて）」を至心と信楽と欲生（我国）との三つの心として、その三心と天親の『浄土論』冒頭の「世尊我一心　帰命尽十方　無碍光如来　願生安楽国（世尊、われ一心に尽十方の無礙光如来に帰命したてまつりて、安楽国に生ぜんと願ず）」の一心との関係をいかに考えるのかというものである。三心と一心とに関する問答であるので、三一問答とよばれる。

三一問答には、二つの問答が置かれている。第一問答の問いは、本願（第十八願）に三心が誓われているのに、なぜ天親は一心といったのかという問いであり、それに対し、愚かな衆生に容易にわからせるためであると答える。なにをわからせるためなのかというと、本願に三心と誓われているが、さとりに至る真実の因はただ信心一つであるから天親は一心といったのであると述べる。そして、三心がどのように一心なのかを至・心・信・楽・欲・生の六つの漢字の意味を述べて、結局、至心も信楽も欲生も疑蓋無雑（疑いがまざらない）ということにおさまり、その疑蓋無雑こそが中間の信楽の特質であることを明らかにする。すなわち至心・信楽・欲生の三心は疑蓋無雑の信楽一心におさまることを明らかにするのが第一問答なのである。

次の第二問答は、愚かな衆生に容易にわからせるために天親が一心といったという第一問答の答えを承けて、愚かな衆生のために建立された本願に三心と誓われているのは、どのように考えればいいのかとの問いからはじまる。

その答えは、要をとっていえば、一心といっても決して軽い心ではなく、まさしくさとりに至る真実の因としての価値をそなえた信心であることを三心と示されたのであるとみることができる。すなわち、至心・信楽・欲生の三心それぞれについて、衆生にはさとりへ向かって歩むのに必要なものがなに一つとして存在せず（これを機無という）、阿弥陀仏はそのような衆生を成仏させるために成仏に必要なものを全て完成し（これを円成という）、それを衆生に与え（これを回施という）、それを受け取った衆生のところでは疑蓋無雑の信楽一心として成立する（これを成一という）との構造が示されている。このように、至心・信楽・欲生の三心は仏によって完成された心（仏の心）が衆生に与えられ、それが衆生の信心（衆生の心）となっているというように、仏の心とも、衆生の心ともみなすことができる。さとりに至る因ということにしぼれば、仏は智慧（至心＝真実心）と慈悲（欲生＝浄土に生まれさせようという心）とによって、衆生を救うのに一点の疑いもないという信楽一心を成立させ、阿弥陀仏の救いに全てを託するという衆生の信楽一心には、仏の智慧（至心＝真実心）と慈悲（欲生＝浄土に生まれさせようという心）とがそなわっているので、さとりに至る真実の因なのであるということになる。三心が一心におさまり、一心が三心に開かれるという構造が示される一段は、三心が真実の一心であり、金剛の真心であり、真実の信心であると示し、その信心がえられると、後に必ず念仏の声となると結ばれる。

次に、特に信楽を取り上げて釈する一段が続く。まず、信心の徳をたたえて「凡案大信海者、不簡貴賤緇素、―中略―非多念非一念、唯是不可思議不可称不可説信楽也（おほよそ大信海を案ずれば、貴賤緇素を簡ばず、―中略―多念にあらず一念にあらず、ただこれ不可思議不可称不可説の信楽なり）」と、信楽とはあらゆる限定を超えたものであるから、結局衆生の思慮や表現を超えたものであると述べられる。続いて仏教の根本である菩提心に、自力の菩提心と他力の菩提心とがあることが示され、その他力の菩提心とは信楽に他ならないとされる。自力の菩提心とは菩提（さとり）を求める勇猛心であるが、他力の菩提心とは菩提（さとり）となるべき徳を完全にそなえた心をいうのであり、信楽の徳がたたえられるのである。続いて信一念の釈がおかれるが、ここでは信心が開け発るまさにその時に間違いなく仏に成ることができる身となることが示されているのである。すなわち、本願成就文の「諸有衆生、聞其名号信心歓喜、乃至一念。至心回向。願生彼国、即得往生、住不退転（あらゆる衆生、その名号を聞きて信心歓喜せんこと、乃至一念せん。至心に回向せしめたまへり。かの国に生ぜんと願ぜば、すなはち往生を得、不退転に住せん）」の「聞其名号信心歓喜乃至一念（その名号を聞きて信心歓喜せんこと乃至一念せん）」とは、名号のいわれを聞くことがそのまま信心であるような信心歓喜（＝信楽）が開き発るまさにその時という意味である。次の「至心回向。願生彼国（至心に回向せしめたまへり。かの国に生ぜんと願ぜば）」は信心歓喜の説明であり、「信心歓喜乃至一念（信心歓喜せんこと乃至一念せん）」は、「即得往生、住不退転（すなはち往生を得、不退転に住せん）」に直結する。その「即得往生、住不退転（すなはち往生を得、不退転に住せん）」こそが、「獲得金剛真心者、横超五趣八難道、必獲現生十種益（金剛の真心を獲得すれば、横に五趣八難の道を超え、かならず現生に十種の益を獲）」と述べられる現生十益であり、現生十益は十番目の「入正定聚益（正定聚に入る益）」におさまるのである。

次いで、本願成就文の一念が専心・深心・深信等と転釈され、『往生論註』・「定善義」が引用された後、三心即一の信楽こそ報土往生の因であると示して、三一問答が結ばれる。

三一問答が終わった後に、善導の言葉、すなわち「帰三宝偈」の中の「横超断四流」と「散善義」の中の「真仏弟子」に基づいて、信心の得益が述べられる。横超断四流釈においては、信心によって往生即成仏の大果をえるという当益（当来すなわち未来の利益）が示され、真仏弟子釈においては信心の人が現生に正定聚に住するという現益（現生の利益）が示されるのである。真仏弟子釈において真が仮・偽に対すると示される箇所は、その仮の教法、偽の教法こそが「化身土巻」の主題となっているという意味で注目されるべき箇所である。この真仏弟子の最後に有名な「誠知、悲哉愚禿鸞、沈没於愛欲広海……（まことに知んぬ、悲しきかな愚禿鸞、愛欲の広海に沈没し……）」が置かれている。

「信巻」の最後に述べられるのは、五逆・謗法・一闡提の救済である。まず、『涅槃経』の引用によって、五逆罪を犯した阿闍世の救済が示され、その後『往生論註』・「散善義」・『法事讃』が引用されるが、結局『法事讃』の「以仏願力、五逆之与十悪罪滅得生。謗法闡提回心皆往（仏願力をもつて、五逆と十悪と罪滅し生ずることを得しむ。謗法・闡提、回心すればみな往く）」の文におさまるであろう。すなわち、本願力は五逆・謗法・一闡提を救う力であり、五逆・謗法・一闡提は本願力に託すること、つまり信心によって往生することができるのである。最後に五逆についての具体的な説明があり、これをもって「信巻」が結ばれる。

(五)、「証巻」

「証巻」の標挙は、「必至滅度之願」と第十一願が標願され、「難思議往生」と細註されている。これは、第十一願に「必ず滅度に至る」と誓われている滅度（さとり）とは難思議往生によるものであることを示している。

「証巻」の本文は、まず真実証とは、利他円満の妙位・無上涅槃の極果であると示される。親鸞において、「利他」の語は「他力」の意味で用いられているので、「利他円満の妙位」とは、「他力によって得られる完全な位」という意味で、それはそのまま次の「無上涅槃の極果」すなわち「これ以上は無いという最高のさとり＝仏のさとり」ということである。続いて、往相回向の心行をうればただちに正定聚に住し必ず滅度に至ると述べられ、滅度が常楽・寂滅・無上涅槃等と転釈され、衆生の証であるさとりと阿弥陀仏のさとりとが同じさとりであることが示される。

その後、願文・成就文等が引用されるが、注目するべきは、「又言、彼仏国土、清浄安穏微妙快楽（またのたまはく、かの仏国土は、清浄安穏にして微妙快楽なり）」とはじまる『大経』の引文である。その内容は、浄土に菩薩・人・天が居ると説かれるが、実は菩薩のみが存在し、人・天は他の世界に準じてその名が与えられているのみで実体は人でもなく天でもない、そして、その菩薩は内に仏のさとりを開いているというものである。

この「証巻」は真実証についての釈は前半三分の一であり、後半三分の二は還相についての釈で占められている。しかもその還相の釈はほとんどが『往生論註』の文によって占められ、その内容は浄土の菩薩の徳についての説示である。すなわち、浄土に往生した者は外に菩薩の相を現しているが内には仏のさとりを開いているのであり、その仏のさとりを明らかにしているのが真実証についての釈であり、外に菩薩の相を現すということを明らかにしているのが還相についての釈なのである。

真実証についての釈は、その他『往生論註』・『安楽集』・「玄義分」・「定善義」が引用され、「夫案真宗教行信証者、……（それ真宗の教行信証を案ずれば、……）」と、往相回向の四法（教・行・信・証）の釈が結ばれる。

還相回向についての釈は、「利他教化地の益」と他の衆生を救済するはたらきと示した後、その基づく願として第二十二願が示され、第二十二願の願名が三つ挙げられる。通常であると、ここで願文が引用されるのであるが、後に引用される『往生論註』に第二十二願文が引用されているので、そこを見よと指示されている。続いて、『浄土論』が引用されて還相の内容が示され、『往生論註』起観生信章の引用によって還相という言葉が出される。その後『往生論註』が観察体相章から利行満足章まで引用され、浄土の菩薩とはいかなる存在であるのかが説示される。特に浄入願心章に説かれる広略相入は、浄土の国土・仏・菩薩の全て（広）と真実智慧無為法身（略）とが相即互入することを明らかにするものであり、阿弥陀仏も浄土の菩薩も、さとりそのものの展開であるということを意味し、浄土の菩薩は外に菩薩の相を現していても内には仏のさとりを開いているのであり、そのさとりは阿弥陀仏のさとりと同じであることを示しているのである。

「証巻」の最後においては、往相還相が結ばれている。

(六)、「真仏土巻」

「真仏土巻」の主題は真仏と真土である。まず、第十二願（光明無量の願）と第十三願（寿命無量の願）とが標願され、真仏・真土が光明無量・寿命無量であることが示される。しかし、本文に入ると真仏・真土が不可思議光仏・無量光明土と、いずれも光明の側面が表に出される。これは、親鸞は、阿弥陀仏およびその浄土を、はたらきを主として見たからであろう。

「真仏土巻」は衆生がそこに往生しそこで成仏する世界をあらわすという側面と、十方衆生を救済する根源としての世界をあらわすという側面との二側面を持っている。本来仏身仏土は不二であり、親鸞も両者を融通無碍に示すが、やはり衆生を救済する根源としての側面は真仏が主となり、そこに往生しそこで成仏する世界としての側面は真土が主となるであろう。「真仏土巻」において、まず、真仏・真土は因願酬報の身土としてあらわされる。『教行信証』全体のテーマとは阿弥陀仏の救済活動であり、親鸞は、その救済活動の根拠を法蔵菩薩の発願に求めているので、真仏・真土も願に酬報した身土であると述べるのは当然である。経典の引用は、『無量寿経』・『如来会』・『平等覚経』・『大阿弥陀経』・『不空羂索神変真言経』・『涅槃経』であるが、『無量寿経』から『不空羂索神変真言経』までは、報身報土としての側面をあらわすために引用され、『涅槃経』は涅槃そのものをあらわすために引用されている。次いで『浄土論』が引用されるが、そこでは、真仏は「尽十方無碍光如来」と衆生救済の仏であることが示され、真土は清浄功徳・量功徳によって涅槃界であることが示されている。

その後、『往生論註』・『讃阿弥陀仏偈』・「玄義分」・「序分義」・「定善義」・『法事讃』・『述文賛』が引用され、国土が涅槃界であるから往生したものも涅槃を証することや、因願果力の不可思議とその相符、『大経』の十二光による仏徳の種々の側面、また仏身仏土の因願酬報および凡夫の報土往生等が明らかにされる。そして、浄土は真実報土であること、および浄土において仏性を見ること、すなわち往生即成仏を示してこれまで明かされてきたことが結ばれる。そしてその後、重ねて報の意味が示される。すなわち、願に酬報するから報身・報土であり、願に真仮があるから報身・報土にも真仮のあることが示され、「仮之仏土者、在下応知（仮の仏土とは、下にありて知るべし）」と、次の「化身土巻」のテーマが予告されて「真仏土巻」が終えられる。

（七）、「化身土巻」

「化身土巻」の題目、および標挙に第十九願・第二十願が標願され、それぞれ『観経』の意、『阿弥陀経』の意と傍註されていることからすれば、自力諸行往生の法門と自力念仏往生の法門とをその内容とすることになるのであるが、実際の説示は仏教以外の外教にまで及んでいる。『教行信証』全体の内容を図で示せば、

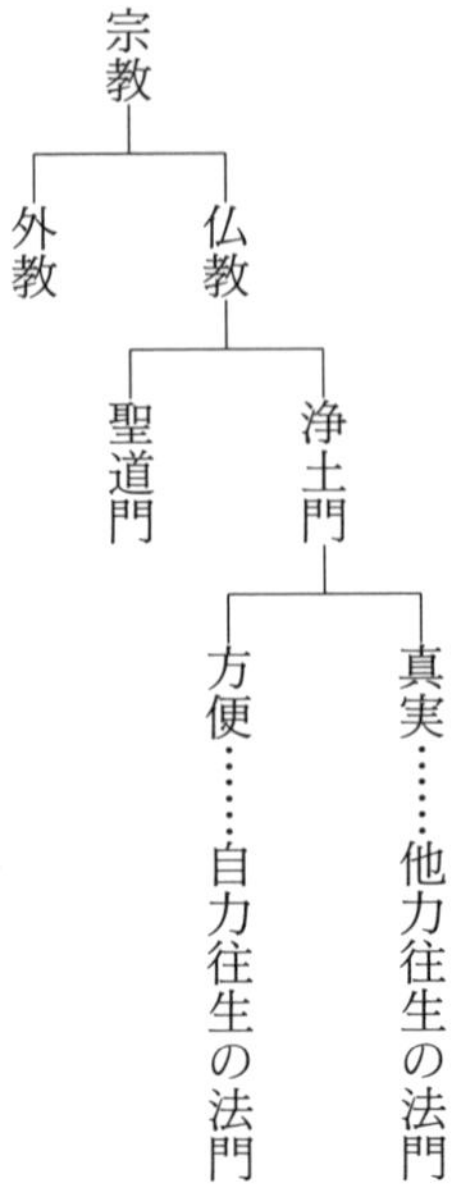

であり、他力往生の法門は前五巻に明かされ、その他が第六「化身土巻」に明かされているのである。その「化身土巻」の内容の中、浄土門の方便と聖道門とが仮、外教が偽と位置づけられ、前五巻に明かされる他力往生の法門の真と組み合わせて、宗教全体にわたる真仮偽の教判となるのである。

「化身土巻」は、まず第十九願の自力諸行往生の法門を明かす一段からはじまる。そこでは、自力諸行往生は、本願力に対して心を閉ざす自力心による往生であるゆえに、閉ざされた世界（方便化土）への往生となり、阿弥陀

仏（仏）、阿弥陀仏の説法（法）、観音・勢至をはじめとする浄土の大菩薩（僧）の三宝に出遇うことができないという失を示されて自力往生の法門を捨てよと誡められるのである。なお、これは第二十願の往生にも通じる。続いて、『観経』の至誠心・深心・回向発願心の三心と『大経』の至心・信楽・欲生の三心との同異を問うことからはじまって、『観経』の隠顕が示される。隠顕とは、経説において二重の構造を見ることで、『観経』について言えば、表に顕わに説かれた法門（これを顕説という）は自力諸行往生の法門であるが、その底に隠されている法門（これを隠彰という）として他力念仏往生の法門があるとするものである。また、『阿弥陀経』にも隠顕があるとして、その顕説は第二十願の自力念仏往生の法門であり、隠彰は他力念仏往生の法門であると示される。すなわち、浄土三部経において、『大経』には裏も表もなく他力念仏往生の法門が説かれ（これを顕露彰灼という）、『観経』・『阿弥陀経』には隠顕がある。そして『大経』と『観経』・『阿弥陀経』の顕説とを組み合わせれば、それぞれ別個の法門が説かれているとみられ（これを三経差別門という）、『大経』と『観経』・『阿弥陀経』の隠彰とを組み合わせれば全て同一の法門が説かれているとみることができるのである（これを三経一致門という）。次に図示する。

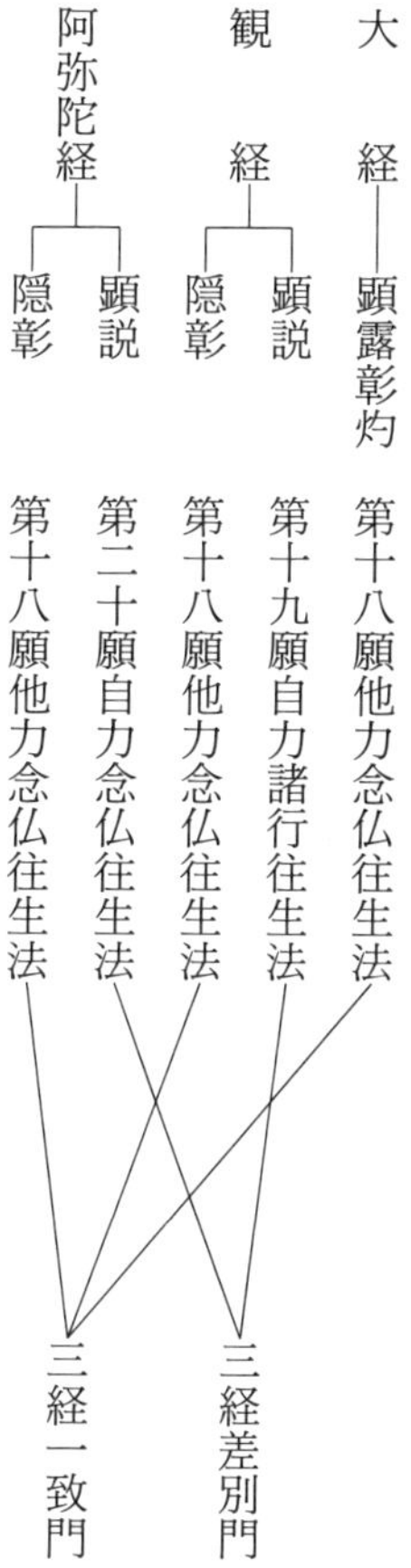

『観経』の隠顕についての釈の中で、『大経』の信楽、『観経』の深心、『阿弥陀経』の一心について三経一致が語られた後、一代経についての釈が置かれ、専行・専心・雑行・雑心・正行・専修・雑修・正助・定・散等の語を用いて第十九願法と第十八願法とについて釈される。続く『阿弥陀経』の隠顕についての釈においては、顕説は諸行を廃して念仏を立てることであり、隠彰は難信の法、すなわち自力によっては信じることが不可能な本願名号であると示される。そして、「三経大綱、雖有顕彰隠密之義、彰信心為能入（三経の大綱、顕彰隠密の義ありといへども、信心を彰して能入とす）」と三経一致を示して、『阿弥陀経』の隠顕釈が結ばれる。

続いて第二十願の自力念仏往生の法門が明かされる。そこでは、まず第二十願の法門が示され、ついで、第二十願の自力念仏が誡められる。第二十願の法門が結ばれた後には、有名な三願転入の表白が置かれ、親鸞の信の歴程が述べられるのである。

浄土門内の方便が明かされた後には、聖道門についての釈が置かれている。そこでは、聖道の法門が正像末の三時に衰滅してゆくのに対し、第十八願の法門は衰滅することなく、三時一貫して衆生を成仏させてゆく法門であることが示され、ついで末法時においては無戒名字の比丘こそが仏法弘通を担ってゆくべきことが明かされる。次に外教釈では、神々に帰依してはならず、神々に事えてはならないと、外教に依るべきではないことが示される。なお、神々について、仏法を護持する存在であるとの位置づけが示されていることにも注意をはらっておく必要がある。

最後に置かれている後序といわれる段落には、まず法然からの相承が述べられ、相承された第十八願の法門を後世に伝えてゆくことが本書述作の理由であると示され、本願念仏の法によって、一切の衆生が救済されてゆくことを念じて、本書が結ばれるのである。

付記

本論文は、西本願寺本のコロタイプに付された解説に執筆したものに若干修正を加えたものである。解説という性格上、註は一切付さず、本論文もそれを踏襲している。

なお、引用文の頁数も全て省略した。引用文は、漢文は『浄土真宗聖典（原典版）』を元とし、訓読は『浄土真宗聖典（註釈版）』に基づいたので、両者の漢字が異なるものもある。

『末灯鈔』にみられる「他力の中の他力」について

井上善幸

一　親鸞消息の研究方法と問題の所在

親鸞の消息は、現在四十数通が確認されているが、それらをどのような文献群として捉えるかによって、消息読解の基本的立場は異なってくる。一般的に消息は特定の相手に対して特定の内容を示すものであるが、現存する親鸞消息の多くは法語としての性格を持つものであり、中には回覧を勧めるものもある。それらの消息はいくつかの門弟集団において収集、整理され、やがて消息集という体裁に編集されることになる。ただし、それらの消息集は必ずしもすべての念仏者に開示されたわけではなく、刊行されたものもあれば、限定的に閲覧されていたものもあった。そのような状況においては、親鸞消息の研究は、主に公開された消息集の注釈として行われることになる。親鸞消息として、まとまった体裁をもって広く流布したものに『末灯鈔』があるが、江戸期の研究では例えば『末灯鈔』に関する注釈というように、消息集を限定してその内容を論じるものが多い。

それに対して近年では、各種の消息集や親鸞自筆の消息が翻刻、公開され、厳密な諸本対照も行われるようになった。このような研究環境の整備によって、今日のわれわれは親鸞消息をひとまとまりの文献群として捉えることが可能となっている。例えば、浄土真宗本願寺派から刊行されている『浄土真宗聖典』の場合、現存する親鸞の消息類を精査し、編纂当時の最新の研究成果を反映させて、可能な限り年代順に配列するという方針が採られている。もちろん、消息の中には年代確定が出来ないものもあるため厳密な意味では時系列に沿った配列とは言えないものの、確認できる限りの消息類を一連の法語群と見なすことで、消息に綴られた親鸞の思想を俯瞰的・総合的に論じる研究が可能となった。また、流伝の異なる消息集を年代順に一同に配列することによって、晩年の親鸞と関東の門弟の間で何が問題となっていたのかを、編年史的に読み解こうとする研究にも道が開かれることになった。

さらに、各種消息の閲覧が自由になったことで、執筆年時が確定できない消息の前後関係について、研究者自身が踏み込んだ考察、推定を行い、より広い歴史的文脈の上で、親鸞消息の個々の表現を読み解こうとする研究も現れた。その際、各種の消息が、どのような門弟集団によって編集、保持されていたか、という視点からの研究もなされ、親鸞消息が持つ社会的な機能や意義に関する論考も出された。とりわけ、数多くの研究者の関心を引いたのは、いわゆる護国思想をめぐる親鸞消息の分析と、善鸞義絶事件の真相をめぐる考察とであろう。これらの研究の詳細については本稿の関心の外にあるが、親鸞の浄土教理解が、具体的な歴史状況の中で、どのような言葉によって表現されたのか、という問題をめぐる考察方法には、多く学ぶところがある。

さて、本稿では上述したような大きな構想というより、親鸞消息の文言に沿った解釈によって、従来の解釈について再検討を行いたい。親鸞は、消息において同一の主題や概念を複数の相手に対し繰り返し発信することがある。このような表現は法語としての性格が顕著に示されたもので、すでに江戸期から詳細な分析、検討が行われているものもある。ただ、法語としての性格ゆえか、時に結論が先行することがあり、場合によっては本来の文脈からは離れた解釈がされていると考えられることがある。例えば「如来と等し」「弥勒に同じ」という表現について、両者は共に現生正定聚を示すものであり、親鸞は果位の如来については「等」を、因位の弥勒菩薩については「同」という語を区別して用いていたという通説がある。この見解は、従来「等」と「同」とが同義に扱われ、「如来等同」と表現されてきたことに対して、厳密な文献研究によってその差異を明らかにし、そこに込められた親鸞の真意を明確にするものである。多くの場合、この理解は妥当であり、その区別から親鸞において明らかにされた法義について深く掘り下げる考察がなされている。ところが、その結論を自明の前提としてしまうと、その例外となる表現上の差異や変遷を無視してしまうことに繋がりかねない。実は、関連する消息の表現について諸本の対照を行い、これまでの先行研究によって確定あるいは推定された執筆年時にしたがって配列すると、「等」と「同」とが区別されていない時期が先行することが明らかになる。しかしながら、厳密な区別を前提とすると、例外については無視されるか、特別な意図が推測されることになってしまう。つまり、ある考察から導かれた結論や見通しが、いつしか前提となり考察自体の枠組となってしまうことがあるのである。[1]そこで本稿では、解釈の前提に対する再検討という観点から、現存する親鸞消息において二通に確認できる「他力の中の他力」という表現に着目し、従来の解釈に問題を提起したい。というのも、「他力の中の他力」という強調表現は二通にしか示されないものの、その内実はまったく別であるという解釈が主流を占めているからである。

「他力の中の他力」という表現は、『末灯鈔』第一通と第十七通に見られるものであり、一方は肯定的な意味での明言、一方はそのような表現は聞いたことがない、という趣旨で述べられている。そのため、同一内容の事柄を述べているとは考えがたいという解釈を前提としつつ、二通が発信された時期も含め様々な論考がなされている。本稿ではそれらを概観した上で、従来の解釈とは異なる枠組で「他力の中の他力」という表現の解釈を試みる。もっとも、論証に足るだけの根拠は乏しく、いくつかの点で推察の域を出ないものが含まれることは最初に断っておかなければならない。ただ、「他力の中の他力」について従来の研究には見られない視点を提示するものであるため、それなりの意義は認められるものと考える。また、「他力の中の他力」について、厳密には第一通では「他力ノナカノ他力」、第十七通では「他力ノナカニマタ他力」とあり、これらの微妙な差異について重要な意義を見出すものもあるが、本稿ではその点についても検討するため、便宜上「他力の中の他力」という表記を用いることにする。

二　『末灯鈔』第一通と第十七通

考察に先立って、まず二通の消息の本文を『末灯鈔』から挙げておこう。最初は第一通に収められる消息である。

來迎は諸行往生にあり、自力の行者なるがゆへに。臨終といふことは、諸行往生のひとにいふべし、いまだ眞實の信心をゑざるがゆへなり。また十惡・五逆の罪人のはじめて善知識にあふて、すゝめらるゝときにいふことばなり。眞實信心の行人は、攝取不捨のゆへに正定聚のくらゐに住す。このゆへに臨終まつことなし、來迎たのむことなし。信心のさだまるとき往生またさだまるなり。來迎の儀式をまたず。正念といふは、本弘誓願の信樂さだまるをいふなり。この信心うるゆへに、かならず无上涅槃にいたるなり。この信心を一心といふ、この一心を金剛心といふ、この金剛心を大菩提心といふなり。これすなはち他力のなかの他力なり。また正念といふにつきてふたつあり。ひとつには定心の行人の正念、ふたつには散心の行人の正念あるべし。このふたつの正念は、他力のなかの自力の正念なり。定散の善は、諸行往生のことばにおさまるなり。この善は、他力のなかの自力の善なり。この自力の行人は、來迎をまたずしては、邊地・胎生・懈慢界までもむまるべからず。このゆへに第十九の誓願に、諸善をして淨土に廻向して往生せんとねがふひとの臨終には、われ現じてむかへんとちかひたまへり。臨終まつことゝ來迎往生といふことは、この定心・散心の行者のいふことなり。選擇本願は有念にあらず、无念にあらず。有念はすなはちいろかたちをおもふについていふことなり。无念といふは、形をこゝろにかけず、いろをこゝろにおもはずして、念もなきをいふなり。これみな聖道のをしへなり。聖道といふは、すでに佛になりたまへるひとの、われらがこゝろをすゝめんがために、佛心宗・眞言宗・法華宗・華嚴宗・三論宗等の大乗至極の教なり。佛心宗といふは、この世にひろまる禪宗これなり。また法相宗・成實宗・倶舍宗等の權教、小乗等の教なり。これみな聖道門なり。權教といふは、すなはちすでに佛になりたまへる佛・菩薩の、かりにさまざまのかたちをあらはしてすゝめたまふがゆへに權といふなり。淨土宗にまた有念あり、无念あり。有念は散善義、无念は定善義なり。淨土の无念は、聖道の无念にはにず、またこの聖道の无念のなかにまた有念あり、よくよくとふべし。淨土宗のなかに眞あり、假あり。眞といふは選擇本願なり、假といふは定散二善なり。選擇本願は淨土眞宗なり、定散二善は方便假門なり。淨土眞宗は大乗のなかの至極なり。方便假門のなかにまた大小・權實の教あり。釋迦如来の御善知識者一百一十人なり。『華嚴經』にみえたり。

愚禿親鸞七十九歳(2)

建長三歳　辛亥　閏九月廿日

南无阿彌陀佛

この消息は関東の門弟からの質問に回答した法語とされ、真実信心の行者は摂取不捨の利益によって正定聚の位にあるのであり、臨終正念を祈る必要も無ければ、有念無念について論じる必要も無いことを示すものである。真筆は残されていないものの教判としての性格を備えた重要な法語として受け止められ、数多くの注釈がなされてきた。『末灯鈔』以外では高田派専修寺蔵の『古写消息』に「有念無念」という表紙の付いた写本が収められており、蓮如書写の『末灯鈔』でも「有念无念事」という標題が付加されている。

本稿が注目する「他力の中の他力」という表現は、「他力の中の自力」と対に用いられていることから、後半部に示される浄土宗内の真仮に重ねて理解することが妥当であり、従来の注釈でもそのように理解がされている。この点については、あらためて論じるまでもないであろう。執筆年時も確定でき、建長三年（一二五一）、親鸞七十九歳の時の法語としての消息である。

それに対して、『末灯鈔』第十七通には次のような消息が収められている。

他力のなかには自力とまふすことは候ときゝさふらひき。他力のなかにまた他力とまふすことはきゝさふらはず。他力のなかに自力とまふすことは、雜行雜修・定心念佛とこゝろにかけられてさふらふ人々は、他力のなかの自力のひとびとなり。他力のなかにまた他力とまふすことはうけたまはりさふらはず。なにごとも専信房のしばらくゐたらんとさふらへば、そのときまふしさふらふべし。あなかしこ、あなかしこ。

銭貳拾貫文、慥々給候。穴賢、穴賢。

十一月廿五日

親鸞[3]

この短い消息は、第一通と同様、「他力の中の自力」と対比的に「他力の中の他力」について述べるものである。ただし、「他力の中の他力」についいては「きゝ候はず」「うけたまはりさふらはず」とされている。『末灯鈔』第十七通と同内容の消息は、『親鸞聖人御消息集』(広本)に収められており、その末尾には「真仏御坊御返事」とある。[4]詳しい説明を施さずに端的な表現が用いられていることから、受け手は一定程度以上の素養を備えていることが想像され、また銭二十貫文という額の送金に対する受領を明記していることから、高田の真仏からの質問に答えたものという解釈が主流である。[5]

では、この消息は、いつ、どのような状況において発信されたのであろうか。まずは、従来の解釈の主なものを見てみたい。

三　従来の解釈と問題点

第十七通の「他力の中の他力」について

『末灯鈔』第十七通について、例えば本願寺出版社から出されている『親鸞聖人御消息　恵信尼消息(現代語版)』の訳注には、「他力の中に自力ということはあるが、他力の中にさらに奥深い他力ということはないと示す」とされている。[6]本願寺出版社から出されている現代語版では、解釈が大きく分かれる箇所について訳注に相違点の概要を示した上で、いずれを採択したかを明示するという編集方針がとられており、その原則によれば、この箇所については大きな解釈上の相違はないということになる。

『末灯鈔』の講録については『龍谷大学善本叢書12　末燈鈔　御消息集』の巻末にまとめられているが、「さらに奥深い他力」という趣旨の解釈については、例えば大谷派の学僧、理鋼院慧琳（一七一五〜一七八九）の『末燈鈔講義』に見ることができる。これは『末灯鈔』注釈の中でも最初期に属するものであるが、[7]その中で慧琳は『末灯鈔』第一通の注釈に関連して第十七通に見られる表現との相違を取り上げ、次のように述べている。

巻末ノ他力ノ中ニマタ他力トマフルコトハキ、候ハストノタマフハマタト云国字文字アツテ他力ノ中ニマタ一層奥フカキ他力ナシト云コ、ロニシテマタト云二字ノ国字ニ気ヲ止ムヘシ[8]

ここで慧琳は「マタ」という二字に着目し、第十七通は、他力の中にさらに一層奥ふかい他力があるのではない、という主旨の消息であるという理解を示している。

第十七通を異義との関連の上で解釈する理解は、本願寺派の学僧である明教院僧鎔（一七二三〜八三）の『末燈鈔管窺録』にみることができる。僧鎔は第一通の釈において、「然レトモ別ニ弘願他力ノ中ニ復更ニ他力アルニ非ス。故ニ下ノ文ニハ他力中ニ又他力ト申スコトハキ、候ハスト云ヘリ」と述べた上で、

有云。末ノ十一月二十五日ノ御書ハ如何ナル問ノ言ニ御返事ト云コトハ慥ニハ知レ難ケレトモ。今世一往再往再再往ナト珍シキ法門ヲ沙汰スル如ク。他力ノ中ニ又タ他力ト名目ヲ立テ、。秘事ヲ教ルモノ、名目ヲ退ゾケ玉フオン言葉カ云云。[9]

とし、第十七通の「他力の中の他力」については「秘事」ではなかったか、とする説を紹介している。[10]ここで「今

世一往再往再再往ナト珍シキ法門ヲ沙汰スル如ク」とあるが、これはおそらく一往再往論と呼ばれる異義を指すと思われる。中島覚亮『異安心史』や中井玄道『異安心の種々相』によれば、貞享三年（一六八六）に作者不詳の『一往再論』三巻が出され、その約八十年後の明和六年（一七六四）に泰厳が『真宗紫朱弁』二巻を著してその説を破斥したという。その所説は、聞信一念や往生決定、御恩報謝といった真宗信心のあり方は他力中の自力である一往の説であり、再往の他力の実義とは、すべて阿弥陀仏の不思議の力に一任することであるとするものであったようである。(11) 僧鎔は当時の異義と関連づけて、第十七通における「他力の中の他力」を解釈しているが、このような注釈態度は僧鎔に限定されるものではない。

大谷派の学僧円乗寺宣明（一七四九〜一八二一）の『末燈鈔節義』では、慧琳と同じく第十七通について「マタ」の語に留意すべきとし、次のように述べている。

コノ一通ノ所詮ハ他力ノナカニマタ一重奥深キ他力アリトイフコトヲキビシク制シタマフナリ。イハク他力ノナカニマタ他力トマフスコトキヽ候ハズ。次ニウケタマハリ候ハズトノタマヒ経釈ノ中ニアツテ見タリキヽ候ハズ。元祖ヨリモカツテウケタマハリ候ハズ。マタノ言ニ意ヲ著クベシ。他力ノナカノ他力トマフスコトハコレアリ。如上ニ明シタマヘリ。コノ中ニハ他力ノナカノ自力ヲ示シテ選択本願ハ他力ノナカノ他力ナリト了知セシム。当時ニモ他力ノナカニマタ一重奥フカキ他力アリトイウテ。モハラ造悪ヲ好ミ剰ヘ御命日ナンドニ魚肉ヲツカフナンドコレアルヨシ風聞ニ及ベリ。言語道断沙汰ノカギリアルマジキコトナリ。要慎。(12)

宣明も第十七通の「他力ノナカニマタ他力」について「一重奥深キ」という語を添えることで、第一通において「選択本願」を意味した「他力の中の他力」とは異なる名目として理解し、第十七通を異義を禁じた消息と見做している。さらに宣明は、第十七通の直接の語釈ではないが、当時の風聞として造悪無碍的な行動に言及し、注意を喚起している。

大谷派の易行院法海（一七六八〜一八三四）『末燈鈔壬申記』では、第一通の釈で第十七通の表現との相違を取り上げ、

コレハ他力ノ中ニ又他力等トアルハ第十八願ノ他力ノ中ニ又別ニ奥深キ他力アリト云フコト聞カヌトノタマフ御意ナリ。此文ハ異本御消息ニヨレバ真仏房ヘノ御返事ナリ。然レバ真仏ヨリノ尋ニ弘願他力ノ中ニ又一重奥深キ他力アリト執スルモノヲ挙ゲテ尋ネタリトミユル。夫ヲ答ヘタマフ故ニ他力ノ中ニ等トノタマヒタリト窺ハレル。此ハ又ノ字字眼ナリ[13]。

としている。法海は真仏からの質問に対する回答という文脈で解釈し、慧琳や宣明と同じく「又」こそが字眼すなわち重要な文字であるとし、第一通の内容とは異なるとしている。

『末灯鈔』の注釈を意図したものではないが、大谷派の妙音院了祥（一七八八〜一八四二）『異義集』では、『末灯鈔』第十七通が「自力他力ノ異計」を却けたものとして挙げられ[14]、第一通との関連については、

イマノ文ニハ。他力ノ中ノ他力ヲ斥シタマフトイヘトモ。同鈔二ニ。金剛ノ信心ヲ大菩提心トイフナリ。コレスナハチ他力ノ中ノ他力ナリ。乃至　定散ノ正念ハ。他力ノ中ノ自力ナリ」トノタマフ。サレハ他力ノ中ノ他力モ。タテタマフトイヘトモ。イマハ邪計ノ他力金剛心ノ上ニ。又深理念仏ノ他力ノ中ノ他力ヲイフヲ。エラヒテ斥シタマヘルナリ。サレハイヨイヨ他力ノ中ノ他力ヲイフ一計アルナリ。按スルニ同鈔五ニ。自力他力ノ一章アリテ。カサマノ念仏者ニコタヘタマフトミエタリ。カクノコトク二力ノ論アルヨリ。他力ノ中ノ自力。

他力ノ中ノ他力アリトノタマフヲ。カノ一念ノ方ニ濫シテ。深理念仏ヲ他力ノ中ノ他力トオモヘルナラン。[15]

と述べられている。『異義集』では一念義系の異義が成覚房幸西（一一六三〜一二四七）に由来するものとされており、幸西の門下として挙げられる善性を二十四輩に数えられる善性と同一視する見方も示されている。[16] 引用箇所の前段では『浄土法門源流章』の叙述に基づき幸西から善性への系譜が一念の異義として位置付けられており、第十七通に示される「他力の中の他力」とは一念の曲解による秘事的な念仏として捉えられている。

さらに、近年の消息研究でも、管見の限り両通に見られる「他力の中の他力」について、その内実は異なるとしている。例えば、細川行信・村上宗博・足立幸子『現代の聖典　親鸞書簡集　全四十三通』では、肯定的文脈で「他力の中の他力」が用いられる第一通とは異なり、

本通での「他力の中の他力」に対する強い否定は、「他力の中の他力」という形で秘事的な異義を説く者があったことを想像させるものである。[17]

としている。また、石田瑞麿『親鸞とその妻の手紙』も第十七通について、

それは自力・他力との相対において考えられる他力のなかの他力を否定したものである。いってみれば、そのような相対性を超えたなかに絶対他力の真実信心を見ようとしたのである。それが他力のなかの他力である。[18]

としている。

このように、『末灯鈔』第一通に見られる「他力の中の他力」については浄土宗内の真仮という枠組で捉え、一方、第十七通の「他力の中の他力」については「秘事」などの異義として捉えるという解釈が一般的であることが確認できる。さらに、その根拠として第十七通の表現にみられる「また」の語が挙げられることも注目される。

第十七通の執筆年について

それでは、異なる内容を示すと考えられた『末灯鈔』第一通と第十七通の執筆年についてどのような推定がなされているのであろうか。この問題については特に考察を加えない注釈も多いが、両通の執筆年に隔たりをみる見解もあるので、いくつかを挙げてみる。

まず、『末灯鈔』第十七通が善鸞義絶と同年の康元元年（建長八年）十一月に発信されたという説に対する常磐井和子氏の検証を紹介しよう。常磐井氏は、第十七通の後半部に述べられる専信の上洛を根拠に康元元年（建長八年）の消息とする説を紹介した上で、その矛盾点を指摘している。『末灯鈔』第十七通に示される専信については、『末灯鈔』第十一通に収められる消息の追伸部にも「専信坊、京ちかくなられて候こそ、たのもしうおぼえ候へ」[19]と記されている。この消息は真筆が高田派専修寺に伝えられており、建長八年五月の返事である旨を注記した包紙に入っている。同じく建長八年の秋のことを伝える「三河念仏相承日記」には、

建長八年丙辰十月十三日ニ、薬師寺ニシテ念仏ヲハシム。コノトキ真仏上人・顕智上人・専信房（俗名弥籐五殿下人弥太郎男、出家後随念）ソウシテ主従四人御正洛ノトキ（ヤハキ薬師寺ニツキタマフ）御下向ニハ、顕智聖ハ京ノミモトニ御トウリウ、三人ハスナワチ御クタリ。トキニ真仏上人オホセニテ、顕智坊ノクタランヲハ、シハラクコレニト、メテ念仏ヲ勧進スヘシト。[20]

とあり、そのとき四人が親鸞から受け取った名号には、「康元元丙辰十月廿五日書之」「康元元丙辰十月廿八日書之」[21]とある。建長八年は十月五日に康元に改元されていることから、第十七通に示される「なにごとも専信房のし

ばらくゐたらんとさふらへば、そのときまふしさふらふべし」という一文について、それは康元元年（建長八年）十一月二十五日のことであるとする説がまず紹介される。しかしながら、この想定にはいくつかの問題点がある。常磐井氏は、第十七通の宛先が真仏であるとすると、十月下旬に京都にいた真仏が下野に帰着してから京都の親鸞のもとに消息を送り、それが十一月二十五日以前に届いていたということは考えにくいこと、「三河念仏相承日記」によれば京都に残ったのは専信ではなく顕智であること、第十七通では専信の滞在予定を知らせているが、同行者の真仏が一行の旅程を知らないはずがないこと、さらに専信は建長八年五月以前に遠江に居を移しているので、親鸞から「他力の中の他力」について詳しく聞いた専信が真仏の元まで赴くとは考えにくいこと、以上のような反証を挙げて『末灯鈔』第十七通が建長八年のものでないことを論証している。(22)

次に、「他力の中の他力」を善鸞による異義とみなす見解がある。これは、服部之総「いはゆる護國思想について」に示されるものである。親鸞は善鸞義絶の前年である建長七年の発信と推定される十一月九日付けの善鸞宛消息で、善鸞から銭五貫文を受け取ったことを記し、おおぶの中太郎入道のもとにいた九十人あまりの念仏者が善鸞の許に走ったことについて質しているが、『末灯鈔』第十七通は、その半月後に真仏宛に出されたというのが服部氏の説である。その主旨は、善鸞が説いた「他力の中の他力」という秘授口訣を真仏も求めたという構図で展開されている。例えば、服部氏は次のように述べている。

米二十石に相当する銭二十貫文をおくりつけた特権身分の弟子真仏は、慈信房がいふ「他力のなかの他力」について、特に親鸞が教へんことを乞うたものとみえる。(23)

服部氏は銭二十貫文は、真仏が「他力の中の他力」という秘義を懇望して送ったものとし、それに対する親鸞の返信について、「この短い真仏あての消息の行間にゆらぐなまなましい不機嫌は、他に類のないものである」[24]としている。短い消息から「なまなましい不機嫌」がなぜそこまで明白に読み取れるのか、甚だ疑問ではあるが、ともあれ『末灯鈔』第十七通は善鸞義絶の前年である建長七年に出されたものであり、「他力の中の他力」とは善鸞の異義であり、真仏が銭二十貫文で伝授を乞うた秘義であったというのが、服部氏の解釈である。

この服部氏の説をそのまま踏襲するのが唐木順三氏の「親鸞の一通の手紙」である。日本中世仏教に関する多くの研究、随筆も残している評論家の唐木氏は、「親鸞の一通の手紙」のなかで『末灯鈔』第十七通を取り上げ、服部氏の説に依拠することを次のように述べている。

さて十一月二十五日付の真仏宛の書状で、親鸞はくりかへして「他力のなかにはまた他力とまふすことはききさふらはず」と言つてゐる。これについて服部之総氏は、真仏が「他力のなかの他力」の秘義を教示してほしいと懇望したことに対する返事としたのはさすがである。「他力のなかの他力」を善鸞が親鸞から秘密に伝授されたものとしたわけで、この指摘は正しい。[25]

「親鸞の一通の手紙」を参照する限り、なぜ服部氏の指摘が正しいと言えるのか具体的な論証は見受けられないが、唐木氏は、『末灯鈔』第十七通は真仏への「すげない返事」であるとし、真仏の消息の内容を次のように推測している。

前記十一月二十五日の親鸞のすげない返事は真仏の要望に答へたものだが、その懇望、要望は凡そ次の如きものであつたらう。慈信坊どのは己れこそ父上から真の法文を秘密に伝授された唯一人で、従来の宗旨はみな仮のそらごとであると説きまはつてゐる。他力の中の真の他力は己れ以外に知る者はゐないと申し、現に大部の中太郎入道の門徒は慈信坊どののもとへ走り、同様の動揺がいたるところに起きてゐる。わが高田の門徒も真の法文にあづかりたいと願い出てゐる。なにとぞこの真仏にも「他力のなかの他力」の秘法を御伝授願ひたい。別封の銭二十貫文は伝授の料として御受納下さるやうに云々。[26]

服部氏や唐木氏は、『末灯鈔』第十七通の「他力の中の他力」を善鸞の異義に関連づけているが、このような解釈は支持しがたい。善鸞の関東下向の時期を確定する史料は残されていないが、念仏者の放逸無慚を誡める消息が多く出される建長四年の前後頃とするのが一般的である。[27] 時期のみに着目すれば、『末灯鈔』第一通が出された建長三年閏九月を上限として善鸞が義絶された建長八年五月までの間に、真仏から〝善鸞が説く〟「他力の中の他力」という教説についての問い合わせがされたという可能性も考えられる。例えば服部氏は執筆年時推定の根拠として、先ほど挙げた「三河念仏相承日記」を紹介した後、第十七通について、

この手紙を建長八年の十一月廿五日とみては平仄があはない。建長七年とみて、慈信房あてのさきの書翰の半月のちのことと考へれば、内容的にもぴつたりとあふ。[28]

という見解を述べている。しかしながらこれは、服部氏が描いた構図に「ぴつたりとあふ」という主張に過ぎないのであって、十分な考証がなされているとは言えない。そもそも、善鸞義絶の前年に真仏が「他力の中の他力」という秘義を求めたという事実があったと仮定すれば、「他力の中の他力」をめぐる消息のやり取りが他にも残されていてよさそうなはずである。ところが、親鸞と善鸞の関係が変化していく過程については現存消息からある程度推し量ることができるものの、その際に「他力の中の他力」に関する質疑は述べられていないのである。服部氏の説には強烈なインパクトはあるものの、その論拠は脆弱と言わざるを得ない。第十七通に示される「他力の中の他

力」が異義であったとしても、それはさしあたっては善鸞の立場とは切り離して捉えるべきであろう。

また、善鸞義絶後に第十七通が発信されたとする解釈が、霊山勝海『末燈鈔講讃』に示されている。[29]霊山氏は、第十七通に記される二十貫文もの送金は『西方指南抄』下付に対する真仏からの礼金であった可能性を仮定し、正嘉元年（一二五七）十一月の書簡とする見解を述べている。その要点をまとめれば以下のようになる。第十七通に示される「他力の中の他力」とは異義に対する教誡であり、建長三年の発言を「忘れているかのごとくそれについて何らの説明もない」のは、第一通からは年月の隔たりがあるからであろう。正嘉元年の消息であるとすれば、善鸞義絶から一年数ヶ月が経過しているため、「他力の中の他力」という異義は善鸞自身の主張とは考えられない。したがって、善鸞の周辺か、また別の誰かであるかは不明であるが、「他力の中のさらに奥深い他力」という名目を立てて起こされた異義に対して真仏が問いただした消息に対する返信であろうというのが霊山氏の見解である。

ただ、私見を述べれば、第一通も第十七通も「他力の中の自力」と対に用いるという枠組を共有しながら、その内実について、一方は忘却されていたとする見解には疑問符が付く。消息は発信者と受信者の相互関係を前提とするが、教義の綱格に関わる重要な枠組を示す際に用いた表現が、説明不要であるほどに忘れられるとは考えにくいからである。また年時推定の根拠とされる銭二十貫文は、たしかに記録に残っている限りでは懇志の最高額であるが、そのことと『西方指南抄』の下付との結び付きには必然性はない。もっとも霊山氏は、正嘉元年の消息である可能性を示すだけでなく、第一通と同年に発信されたとする多屋頼俊氏の説も記しており、執筆年時の確定には慎重な姿勢で臨んでいる。

第十七通は非常に短い消息であり、年時確定の具体的根拠に乏しい。そのため懇志の額や異義ということで連想される善鸞義絶を手がかりに執筆年を推定する試みがなされているが、いずれも説得力に欠ける。『末灯鈔』第十七通の宛先が本来、真仏であったことが資料的に推定できること、[30]第一通の古写が高田派専修寺に伝えられていること、両通の内容上の相似から、両通は建長三年に出されたとする解釈が妥当であるように思われる。

従来の解釈の問題点

ところで、『末灯鈔』第十七通が建長三年十一月の消息であるとすれば、従来の解釈についても疑問が生じることになる。というのも、法語的性格の強い消息において「他力の中の他力」という表現を肯定的文脈で用いながら、その二ヶ月後に同表現を否定的文脈で使用することの説明が困難だからである。

常磐井氏は、十一月の消息は真仏からの問いに答えたものとし、閏九月の消息で親鸞が示した「他力の中の他力」と「他力の中の自力」について真仏が並列的に捉えていたため、親鸞は「絶対的な他力、対立を超えた他力」を伝えるために「他力のなかにまた他力とまふすことは、きゝさふらはず」という回答をしたという推察をしている。[31]このような見方は石田瑞麿氏の解釈や第十一通の「また」の語に着目して第一通との相違を説明する江戸期の講録にも見られ、「他力の中の他力」という名目に関する発信者と受信者の理解のズレが問題とされている。しかしながら、このような短い消息で、はたして認識のズレについて十分に説明ができただろうか。第十七通で親鸞は、詳しいことは専信に直接伝えるとしているが、重要な法義に関わることであれば、もう少し丁寧な回答があってもよさそうなものである。もちろん、微妙な表現の差によってしか示すことができない法義である、という解釈も可能性として否定はできないが、だとすれば、この法語は大きな混乱をもたらしていたであろうし、「他力の中の他力」とはそもそも如何なることかという問題をめぐる消息も各地から寄せられていただろう。同様の疑問は第十七通に示される「他力の中の他力」を、「秘事」を説く異義者の教説と見做した場合にも払拭できない。

さて、以上概観したように、従来の解釈にはいくつかの疑問が残るのであるが、筆者としては二つの消息は同年に出されたという見解を支持するとともに、それぞれに示される「他力の中の他力」の内容は異質であるとする従来の説を退け、それらは同一の事柄に関する記述であると考える。以下、章を改めてそのことを論じていきたい。

四　「他力の中の他力」とは何を指すか

本来であれば、ここから論証を積み重ねていくべきであるが、残念ながらそれに足るだけの資料的な裏付が無い。しかし、「他力の中の他力」について同内容とする本稿の主張は暴論ではなく、非常に単純かつ素直な理由によるものである。端的に言って、従来の解釈の問題は、二つの消息の表現が矛盾するという前提に立っている点にある。すなわち、一方は肯定的文脈、他方は否定的文脈において用いられているという前提に立つため、両者の調停的解釈に腐心するのである。しかしながら、親鸞が十一月付の消息（第十七通）で述べているのは、あくまで「他力の中の他力」ということについては、「聞いたことがない」ということのみである。親鸞は決して「他力の中の他力」について否定しているのではない。しかも、いくつかの注釈においてすでに指摘されているように、敬語表現とその用例から、親鸞は「他力の中の他力」について、法然からは承っていないということを述べているのである。(32)

上述したように、第十七通に見られる「また」という語に着目し、そこから「さらに奥深い」というニュアンスを読み取る解釈も見られるが、第一通と第十七通の表現上の差異を問題とするのであれば、「他力のなかの自力」（第一通）と「他力のなかに自力」（第十七通）という表現上の細かい相違にも説明があってしかるべきである。そもそも、第十七通は短いものの、用いられる術語や概念は第一通の前半部と重なっており、両通の「他力の中の他力」の内実が相違していると主張するのであれば、そのことこそがまず明確に論証されるべきである。しかしながら、実際のところは、「秘事」の可能性を示唆した僧鎔の解釈などがバイアスとなって、論証抜きにその後の解釈の前提となっているのである。本稿は、そのバイアスを指摘するものであるため、両通の表現が同内容を指し示すという見解について必ずしも特段の論証を要するとは思えないが、『末灯鈔』第一通と第十七通の「他力の中の他力」について同内容であるとした場合の両通の関係については明らかにする必要があるため、その点について私見を述べておきたい。

親鸞が示す「他力の中の他力」とは、どのような内容であるのか。それは、閏九月の消息（第一通）に端的に示されているように、大菩提心であり、金剛心であり、一心である信心、無上涅槃の因となる信心のことである。このような信心理解は、成仏論を主題とする点においても術語の用法においても、改めて論じるまでもなく法然の教説には見られない親鸞独自の理解である。このような法語について、その表現が法然に由来するのか、という質問が出されれば、その答えが「きき候はず」「うけたまはり候はず」となるのは当然のことである。

ところで、質問内容が残されていないにもかかわらず、このような背景を推定するのには一定の根拠がある。というのも、直接的な関連を示す資料は見出せないが、すでに指摘されているように建長年間は鎮西派の教線が関東に伸びる時期に重なるからである。(33)『末灯鈔』第一通に示される内容は、従来の注釈でも詳細に論じられているように、浄土宗内の教学理解が主題である。『然阿上人伝』によれば、鎮西派良忠は、建長元年（一二四九）頃、信濃から関東に下り、上野、下野、常陸、武蔵等を教化したと伝えられ、『浄土大意抄』一巻が著されたのは建長二年二月のことである。(34)『浄土大意抄』は、念仏者のあり方を簡潔に示すもので、諸行の位置づけをめぐる第十九願の解釈や臨終行儀が大きな主題になっている。臨終の有様や来迎についても随所に説かれており、主題のいくつかは『末灯鈔』第一通と共通している。

もっとも、「他力の中の他力」をめぐるやり取りが、良忠教学との対立を反映したものとみるのは早計であろう。後に帰洛した良忠が著した『浄土宗要集』では、五巻にわたって重要な課題二十四項目が取り上げられ、その第九に、「以念佛外餘善可云生因本願行耶」として念仏以外の諸行による往生について論じられている。その際、無相の念仏が仏果の因に、有相の念仏が往生の因になるという説が『群疑論』から引用されている。(35)念仏について有相と無相とを分ける点については、『末灯鈔』第一通、ならびに『親鸞聖人御消息集』（広本）第八通に収められる教忍宛消息(36)に示される有念・無念との関連を想起させるが、特段、良忠が無相の念仏、あるいは無念を主張したわけではないから、良忠と親鸞の接点として「有念・無念」を想定することは困難である。生因願や臨終来迎に関して、親鸞と良忠の間にある程度の相関関係が認められるのは、良忠のみならず、法然流の念仏が様々に流入・伝播する関東において、各地の念仏集団の教学理解と法然の法語との関係について整理や確認が求められてきたという状況を反映したものと考えるのが穏当であろう。(37)また、『末灯鈔』第一通が閏九月に出された建長三年の七月に『選択集』が刊行されていることから、あるいは法然の言葉として「他力の中の他力」という表現を見いだせないことについて真仏が質問をしたのかも知れない。

いずれにせよ親鸞としては、法然から受け継いだ選択本願念仏の教説について、その真意を伝える目的で「他力の中の他力」と「他力の中の自力」という対概念を設定して説明を試みたものと考えられる（第一通）。この表現は、一般に「他力」というカテゴリーで認識されている仏道の中にも、「実質的には自力」であるものと「他力の本質そのものである他力」とが区別されるという教判的枠組の提示である。これは説明を要するまでもなく、真仮の弁別である。真と仮とは対概念ではあるが、同次元で並列するものではない。また、「他力の中の他力」という表現において、前半部の「他力」は広義の他力を、後半部の「他力」は他力の本質を示している。この場合、両者の関係は階層構造をなすものではなく、それゆえ、本質としての他力という語に対して〝さらに奥深い他力〟があるわけでもない。これらの点を強調するのであれば、第十七通に見られる「また」の語に着目する注釈や他力の絶対性の再確認という文脈での解釈は、概ね妥当であると思われる。

しかしながら、「他力の中の他力」の定義や説明に関する消息が他に残されていないという事実からは、もう一つの重要な背景が垣間見える。それは、「きき候はず」や「うけたまはり候はず」という表現からうかがえるように、親鸞が、「他力の中の他力」という表現自体は、直接、法然から受け継いだものではないということを述べているという点である。なぜ親鸞が、法然からは受け継いでいないということをわざわざ繰り返す必要があったのか。それは、真仏からの消息が、そのことについて質問していたからだと考えるのが素直な読み方であろう。従来の解釈では、異義や理解のズレに関する真仏からの質問に対する返答という前提を立てるため、その構図で第十七通の内容が考察されるが、親鸞の返答から想定されるのは、「他力の中の他力」という名目が法然に由来するか否かという質問であろう。このように考えれば、第一通と第十七通が同年に出されたと見做して何ら問題はない。また、建長三年における関東での思想状況を考慮すれば、「他力の中の他力」という名目のもつ教判的側面が、かえって他の念仏者集団で支持されている教説との摩擦を生じさせたために、その表現の使用については慎重に差し控えることになったというのが実情ではないだろうか。「他力の中の他力」という表現が関東の念仏者集団の間で摩擦や軋轢を引き起こす懸念があったのであれば、教判的な意味を持つ「他力の中の他力」という言い回しがこの時期のみに見られる孤立した表現である点にも納得がいく。もっとも、これらは憶測に類するもので検証のしようはない。

結びにかえて

はじめに断ったように論証としては非常に心許ないものではあるが、本稿では、『末灯鈔』第一通と第十七通に示される「他力の中の他力」について、その内実を異なるとする説は、論証によって導かれる主張というより、論証抜きの前提とされてきたことを指摘した。両通が矛盾すること無く解釈できるという点については、親鸞独自の信心理解の表現は、法然の言葉に由来するものではない、という素直な読み方を提示することで十分であろう。

このことに加えて、関東における建長年間の法然流の念仏の伝播について述べたが、これについては論証には耐えず蛇足の感を拭えない。ただ、親鸞の消息を読解する際には、関東における念仏者、さらには仏教界の動向について留意が必要であるという点については、今後の研究課題として記しておきたい。(38)

註

（1）「等」と「同」との区別が厳密になる契機となったと考えられる正嘉元年（一二五七）に関東の有力門弟である性信と真仏に宛てられた二通の消息では、同時に発信されたにもかかわらず、真仏宛には獲信者に対して用いられる「如来と等し」という表現を疑ってはならないこと、性信宛には獲信者に対して「如来」と表現することもあり得るが、それはあくまで正定聚を指す表現であることが強調されていることが判明する。さらに、性信宛の消息で示された「如来と申こともあるべし」という表現が、やがて、「如来とひとしとまふすこともあるべし」と「等し」の語を補って『末灯鈔』に収録されたことも確認できる。さらに踏み込んで言えば、性信宛消息と真仏宛消息の内容の相違から両者の対立の萌芽を読み取ることも可能である。このように、通説をいったん留保することで、新しい解釈の余地が生まれることがある。この問題についての詳細は、拙稿「「如来とひとし」という表現をめぐって」（『真宗学』第一二九・一三〇合併号、二〇一四年）、「「如来と等し」の根拠としての第十七願理解について」（『真宗学』第一三一号、二〇一五年）を参照。なお、「等」と「同」との区別に関する着目自体は、親鸞の消息群が自由に参照できるようになった研究環境に大きく依るものである。

（2）『浄土真宗聖典全書』第二巻、七七七～七七九頁。

（3）同右、八〇三～八〇四頁。

（4）同右、八四八頁。

（5）常磐井和子「末燈鈔を読み解く　二」（『高田学報』第八八号、二〇〇〇年）参照。なお、『御消息集』の現存最古の書写本は愛知県妙源寺に所蔵されており、残欠本であるため宛名の該当箇所は確認できないが、妙源寺本が鎌倉時代末期の書写本であることから、その成立は『末灯鈔』より早く、親鸞の晩年か示寂されて間もない頃と推定されている（『浄土真宗聖典全書』第二巻、「親鸞聖人御消息集成　解説」、七四〇頁参照）。この点については特に浄土真宗本願寺派総合研究所研究員、塚本一真氏より懇切なるご教示をいただいた。

（6）教学伝道研究センター『親鸞聖人御消息　恵信尼消息（現代語版）』本願寺出版社、二〇〇七年、一七五頁下。

（7）『末燈鈔講義』に先行、あるいは同時代の講録としては、慧琳の師である慧然の『末燈鈔師談芳盟試記』二巻をはじめ、秀啓『末燈鈔照界義記』四巻、同『末燈鈔籤義略』一巻、慧琳『末燈鈔觽』三巻、同『末燈鈔節義』三巻などが写本で伝わっている。龍谷大学仏教文化研究所編『龍谷大学善本叢書12末燈鈔　御消息集』浅野教信責任編集、同朋舎、一九九三年、六四八頁参照。

（8）清井湛霊校閲『末灯鈔講義』護法館、一九〇一年、二六頁。なお、以下では講録や論文の引用に当たり、旧漢字を通行体に適宜あらためた。

（9）『真宗全書』第四七巻、二九四頁上。

（10）僧鎔は第十七通自体についてはすでに述べたことであるとして詳述はしていない。

（11）中島覚亮『異安心史』無我山房、一九一二年、七三～七五頁、中井玄道『異安心の種々相』真宗学研究所、一九三〇年、五五～五七頁参照。なお、『異安心史』では『一往再論』は刊行年不詳の『一往再往論』、『真宗紫朱弁』は『真宗朱紫弁』と表記され、『異安心の種々相』では『一往再論』の刊行年を記した上で、その「約七十年後」に『真宗紫朱弁』が著されたと記述している。このような書名のゆれや刊行年の間隔について、本稿では『国書総目録』の解説にしたがった。

（12）『真宗大系』第二三巻、八一頁下～八二頁上。

（13）同右、一三八頁上。

（14）『真宗全書』第五八巻、四六三頁下。

（15）同右、四六七頁。

（16）同右、四二一頁の冒頭部以下参照。

（17）細川行信・村上宗博・足立幸子『現代の聖典　親鸞書簡集　全四十三通』法藏館、二〇〇二年、一二四頁。

（18）石田瑞麿『親鸞とその妻の手紙』春秋社、一九六八年、新装二〇〇〇年、一六頁。

（19）『浄土真宗聖典全書』第二巻、七四八頁。

（20）『真宗史料集成』第一巻、同朋舎出版、一九七四年、一〇二五頁。

（21）『浄土真宗聖典全書』第二巻、八九三～八九六頁。

（22）常磐井和子「末燈鈔を読み解く　二」（『高田学報』第八八号、二〇〇〇年）。

（23）服部之總「いはゆる護國思想について」『親鸞ノート』所収、福村出版、一九六七年（初出一九四八年）、一六〇頁。

(24) 同右、一七二頁。
(25) 唐木順三「親鸞の一通の手紙」『唐木順三著作集』第十六巻所収、筑摩書房、一九八二年(初出一九七五年)、三二六頁。
(26) 同右、三二七頁。
(27) 平松令三『親鸞』吉川弘文館、一九九八年、二一五頁。
(28) 服部前掲、一七二頁~一七三頁。
(29) 霊山勝海『末燈鈔講讃』永田文昌堂、二〇〇〇年、二三七~二四一頁。
(30) 前掲註(4)および(5)参照。
(31) 常磐井和子「末燈鈔を読み解く 二」(『高田学報』第八八号、二〇〇〇年)。
(32) 例えば、宣明『末燈鈔節義』には、「他力ノナカニマタ他力トマフスコトキ、候ハズ。次ニウケタマハリ候ハズトノタマヒ経釈ノ中ニアツテ見タリキ、候ハズ。元祖ヨリモカツテウケタマハリ候ハズ。」(『真宗大系』第二三巻、八一頁下)としており、また、法海『末燈鈔壬申記』では第十七通の釈にあたり、「キ、候ヒキトハ。元祖ヨリ親シク聞キタマヒシコトヲキ、候ヒキトノタマフ。」(『真宗大系』第二三巻、一八九頁下)としている。
(33) 建長年間の関東における鎮西派の教線拡大との関連については細川行信氏の指摘がある(前掲註(17)、二〇〇頁以下)。
(34) 『浄土宗全書』第十七巻、四〇九頁下。なお、良忠が関東に入った時期について『然阿上人伝』は記載していないが、法治二年(一二四八)、聖覚の妹である浄意尼の招きに応じて上洛、その後信濃の善光寺を詣でて関東を教化したと伝えている。『浄土大意抄』は、序文に建長二年の執筆であることが記されていることから(『浄土宗全書』第十巻、七一二頁下。)、良忠の関東入りは建長元年頃とみなされる。
(35) 『浄土宗全書』第十一巻、四七頁下。他にも「第十 宗意許諸行各生報土耶」の箇所で、懐感の『群疑論』から「利根心靜の者には有相無相の觀平等甚深の法門を修せよと教え、若し鈍根散亂の徒には唯、三福三輩の業を行しむ」(同六三頁下。原漢文)という箇所が引用されている。
(36) 『真宗聖典全書』第二巻、八三一~八三三頁。

（37）有念無念に触れる教忍宛消息について、細川氏、常磐井氏は建長三年のものとしているが、多屋氏は建長七年頃と推定している。

（38）法然流の念仏の伝播を考える際にも、後に明確に分かれていく諸派、諸流を必ずしも前提とすべきではないこと、さらには親鸞門弟についても、消息等に見られる個々の問題を、宛先の人物が属していた各念仏集団の問題として捉えることには慎重であるべきであるということにも留意したい。

付記 本稿執筆時、筆者は外留中であり、資料収集に当たって龍谷大学講師の能美潤史氏、同非常勤講師の三浦真証氏に協力いただいた。ここに記して感謝する次第である。

親鸞における法然の法語依用についての一試論
――『弥陀如来名号徳』前六光釈の素材をもとめて――

塚本一真

(1) はじめに

親鸞にとって法然が讃仰すべき師であったことは、正信偈や『高僧和讃』をはじめとして明らかなところであり、今更論ずるまでもない。しかし、親鸞の著作には法然の言葉が依用される例は極めて少ない。出典について明瞭なのは、「行文類」や『尊号真像銘文』に引用される『選択集』ぐらいのもので、それ以外となると判然としないものが多い。そのような中で、長文にわたり法然の法語を素材として書かれている『弥陀如来名号徳』(以下『名号徳』と略称)は独特であり、非常に興味深い。『名号徳』の内容は十二光の解説が大半をしめ、そのうち前六光が法然の法語を素材としていることは早くから指摘されてきた。その根拠となったのは、親鸞における十二光の順序は『大経』によるのが通例であったのに、それとは異なる『名号徳』の前六光の順序が、法然の法語と一致するだけでなく内容も近似していることであった。親鸞が、法然の法語を素材にして制作したことについては、これまで異論がなく定説となっていると言える。しかし、具体的に何によったのかについては二説があって一定しない。そこで本論においては、『名号徳』の素材に関する先行研究について問題点を明らかにし、親鸞における法然の法語依用姿勢について一考を論じてみたい。

（2）先行研究概観

まず、最初に『名号徳』前六光釈の素材になったとされる法然の法語について先行研究を概観しておきたい。これには以下の二つの見解がある。すなわち、A『西方指南抄』（以下、『指南抄』と略称）「法然聖人御説法事」（以下、「御説法事」と略称）とB「逆修説法」第三七日とである。『名号徳』が大正年間に発見されて間もなくA説が提唱されて定着しつつあったが、近年、和文体の「御説法事」ではなく、ほぼ同じ内容ながらも漢文体の「逆修説法」第三七日の方が素材としては近いとの指摘がなされている。以下、代表的な論者の見解を挙げる。

A、『西方指南抄』「法然上人御説法事」

・梅原真隆氏(1)

この聖教の十二光の釈義は法然上人の法語にもとづかれたものであらうと窺われる。即ち聖人が庚元元年丁巳正月二日に編まれた西方指南抄上本の巻頭に「法然上人御説法事」という法語のなかに、次のごとき一節がある。（中略）この西方指南抄の釈義は十二光のうち、无量光・无辺光・无礙光・清浄光・歓喜光・智慧光の順序で六光だけを釈されてあるだけである。しかしてこの六光の釈義は弥陀如来名号徳の釈義の前半殆んど同趣である。

また、弥陀如来名号徳の十二光の順序は无量光・无辺光・无碍光・清浄光・歓喜光・智慧光・无対光・炎王光・不断光・難思光・无称光・超日月光となつてゐる、即ち教行信証の御引抄や浄土和讃の十二光の序列では无碍光の次に无対光・炎王光をならべてあるのに、今はこれを智慧光の次にならべてあることも、西方指南抄の六光の釈義を相承されたためであると推定してよろしい。（傍線、筆者）

傍線部にみられるように、梅原氏は『指南抄』の「法然上人御説法事」の中にある六光の釈義と、『名号徳』の釈義の前半ほとんどが同趣旨であることを指摘している。この論考は、『名号徳』の前六光釈が法然の法語（「御説法事」）によるものであることを指摘した嚆矢である。また、十二光の序列が親鸞の著作中において特異であることについても合わせて言及している。さらに、梅原氏は『名号徳』の記述が「御説法事」と異なる部分に関しては「聖人の己証」と表現していて、「御説法事」を素材としながらも、親鸞自身の独自の展開が見られることを示唆している。

・谷下一夢氏(2)

実はこの無量・無辺・無礙・清浄・歓喜・智慧の六光は、指南抄に十二光仏を掲げながら、その註釈があるのは右六光のみであつて、餘他のものは省略してある、その註釈をそのまゝに簡約したが為めであるに外ならない。（中略）本書の十二光釈段のうち、前の六光と後の六光とはその筆致に異色があるのを認められた方は、これ後の六光には前の六光の指南抄に相当するものがなかつた為めであることに気付かれること〻思ふ。(中略）宗祖がこれ等六光の釈を法然の指南抄から引用されたことは、最早寸毫の疑ひを容れることができない。それなら宗祖は何故に大師聖人又は法然上人のたまわくとして、之を引用されなかったのであらうか。思ふにこれは西方指南抄が宗祖の御書写があったのみでなくて、実は宗祖の書下されたものであるからではあるまいか。このことは指南抄の編集者を宗祖になぞらへる一証ともならうか。（傍線・波線、筆者）

次に梅原氏とほぼ同趣旨である谷下氏の立場は、傍線部において前六光の釈義を『指南抄』から引用されたことはほんのわずかの疑いもない、と示している点において明らかである。ただし、さらに『名号徳』の前六光と後六光の筆致が異なることを指摘し、その理由が前六光が「御説法事」を素材としたことによると述べている点は谷下氏独自の見解である。また、波線部は親鸞が法然の法語を依用する際に、「法然曰」としなかったことに対する疑問である。ここでその理由を「西方指南抄が宗祖の御書写があったのみでなくて、実は宗祖の書下されたものであるからではあるまいか」としている。つまり、『名号徳』における法然の法語依用姿勢から、『指南抄』の編集者を親鸞とするにまで論が及んでいるのである。

B、「逆修説法」第三七日

・霊山勝海氏(3)

霊山氏は、「御説法事」を「ほとんど忠実に書写」したものと位置付けながらも、「若干の相違」があると指摘し、『名号徳』・「御説法事」・「逆修説法」の三書を比較対照した上で従来の説に疑問を呈している。すなわち、

『弥陀如来名号徳』の記述が法然の説法記録を見ながらされたものであることは、疑う余地はない。しかし、三本を対照してみるとき、『弥陀如来名号徳』が参照したのは親鸞自身によって筆写された「法然上人御説法事」ではないのではないかという疑問が生じるのである。（傍線、筆者）

というもので、結論を先取りすれば、『名号徳』の素材となったのは、従来言われてきた「御説法事」ではなく、「逆修説法」第三七日のような漢文体のものであるという主張であった。実は「逆修説法」については、「御説法事」説の提唱者であった梅原氏が「漢語燈録の第七逆修説法にも同文がある」(4)と既にその存在を指摘していた。しかし、それ以降は親鸞の真筆本の現存する『指南抄』「御説法事」が定説化しつつあったことや、両者の内容に大差がないことから踏み込んだ研究はなかった。そのような中で、霊山氏があらためて検討を加えたのである。霊山氏の検討方法は、『名号徳』・「御説法事」・「逆修説法」の比較対照である。すなわち、『名号徳』に対する二書の相違点に着目して論を展開し、『名号徳』の素材として「御説法事」と「逆修説法」とのどちらが相応しいかという考察である。複数の論拠を示されるが、その主張の要点をまとめると以下のようになるだろう。

まず、霊山氏は和文の「御説法事」を『名号徳』の素材と仮定するなら、和文であった文言を『名号徳』は漢文に直して書写したと見られる点があると指摘している。すなわち、以下のような例である。

「逆修説法」：一々光明遍照十方世界念仏衆生摂取不捨
「御説法事」：一一ノ光明アマネク十方世界ヲテラス念仏ノ衆生ヲ摂取シテステタマハストイヘリ
『名 号 徳』：一一ノ光明偏照十方世界念仏衆生摂取不捨トイヘリ

右記の例でわかるように、和文なのは「御説法事」のみである。「御説法事」から『名号徳』へという順序で製作されたのであるなら、親鸞はわざわざ『名号徳』の制作時に漢文体へと改めたということになり、これが「逆修説法」であったなら、当然このような問題は生じないという指摘である。この見解が次の主張と連動して従来の説の問題点を指摘する材料となる。

次に『名号徳』は、左記のように「御説法事」と比較すると、言葉をやわらげて記された傾向にある点が指摘されている。

「逆修説法」：非算数所及

「御説法事」：算数ノオヨフトコロニアラス

『名　号　徳』：オホキコトヲオシハカリタマフヘシ

『名号徳』ではこのように単に書き下すだけでなく表現そのものが改められている。これを先に確認した和漢の文体の相違点と合わせ考えると、『名号徳』は全体として平易に理解できるよう配慮している傾向にあるにも関わらず、「御説法事」が素材になったと仮定するならば、和文のものをわざわざ漢文に置き換えたということになる。この点について、霊山氏は一方では平易化への配慮をしつつ、もう一方では和文から漢文へという作業を親鸞が行ったとは考えにくいと述べている。

さらに、続いて次のような表現の相違点からも検討を加えている。

「逆修説法」：然則若非無礙光

「御説法事」：シカレハスナワチモシ無礙光ニアタラスハ

『名　号　徳』：シカレハスナワチモシ無礙光仏ニテマシマサスハ

霊山氏は、この一文は前後の文脈上から「無礙光ニアラスハ」とあるべきで、「御説法事」が「無礙光ニアタラスハ」と記しているのを、おそらくは誤記であろうとしている。その上で、「御説法事」を素材に制作したと仮定するなら、『名号徳』を「無礙光ニテマシマサスハ」と改めるのみでなく、「御説法事」を「アタラスハ」から「アラスハ」に訂正したにちがいないというのである。このように、『名号徳』からみて「御説法事」に訂正されるべき誤記がそのまま残っていることからも、『名号徳』の素材となったのは「御説法事」ではないとの主張をなしている。(5)

このような検討から霊山氏は次のように結論づけている。すなわち、

親鸞が『西方指南抄』に「法然聖人御説法事」を収録するとき使用したテキストがなにであったかは明らかにされてはいない。しかしもし親鸞が「法然上人御説法事」を筆写するときのテキストが、和文のものであってそれを忠実に書写した（もちろん、乃至の語をおいて省略した部分をも含めて忠実というのではない）のであったら、右に指摘したような平易化への逆行は起こらないであろう。ということは『弥陀如来名号徳』を書くとき参照したテキストは「法然上人御説法事」ではないのである。それは対照表が雄弁に語るように「逆修説法」とほぼ同種の漢文のものであったと推定される。とすれば「法然上人御説法事」を書くとき手許にあったテキストも別のものとは考えられない。親鸞は漢文体の「逆修説法」を見ながら、きわめて忠実に延べ書き文に替えたのである。

というものである。その説によれば、『名号徳』の素材は、「御説法事」ではなく「〈逆修説法〉とほぼ同種の漢文のもの」で、さらに「御説法事」も同じようにそれを元に親鸞によって延書きされたことになるのである。

以上のように、『名号徳』の素材について、「御説法事」と「逆修説法」との二説が展開されている。Aの「御説法事」説は、『指南抄』の親鸞真筆本が現存し、親鸞が必ず見ているといえる点から一定の支持を得た見解であった。また、一方でBの「逆修説法」説は、詳細に文言を比較した上で導き出された結果だといえるだろう。それでは、ここで前提となる情報をあらためて以下に整理しておきたい。

・『名号徳』の十二光釈のうち前六光釈は、法然の法語を素材として制作されたものである。
・その素材の候補である「御説法事」と「逆修説法」との内容は、ほとんど同じである。
・法然の法語を素材としながらも、『名号徳』では独自の展開をなしている。
・基本的には『名号徳』は和文体、「御説法事」は和文体、「逆修説法」は漢文体である。

これらを踏まえてA、Bそれぞれの説が主張する内容から問題となるのは、

（a）、『名号徳』の独自の展開（素材となった法然の法語との内容的な相違）とは、「親鸞の己証」であり、「平易化」をなしているといえるのか。
（b）、『名号徳』の独自の展開（素材となった法然の法語との内容的な相違）と和漢表記の相違とは齟齬をきたすものなのか。
（c）、『名号徳』が法然の法語を依用しながらも、「法然曰」などと示さないのは親鸞編集の「御説法事」が素材だからなのか。

の三点であろうと考えられる。（a）は『名号徳』と素材となった法然の法語との相違について、その内容がどのような点に見られ、また何を意味するのかという問題である。（b）はB、「逆修説法」説において主張されていた、

親鸞が法然の法語を依用する際の和漢表記が全体の流れに逆行することになるのかという問題である。（c）はA、「御説法事」説において主張されていた、親鸞が法然の法語を依用する際にその旨を示す（あるいは示さない）ことがはたして何らかの意味をもつものなのかという問題である。以下、これらの点について検討していきたい。

（3）『名号徳』における法然法語からの展開

まず、確認しておかなければならないのは《（a）、『名号徳』の独自の展開（素材となった法然の法語との内容的な相違）とは、「親鸞の己証」であり、「平易化」をなしているといえるのか。》という点である。これは両説いずれにも関わる問題で、梅原氏が「聖人の己証」といい、霊山氏が「平易化」と述べている『名号徳』が独自に展開している内容についての検討である。先行研究においては、各氏は「殆んど同趣」（梅原）「指南抄から引用された」（谷下）、「ほとんど忠実に書写」「若干の相違」（霊山）と述べられ、『名号徳』と素材となった法然の法語の内容は全体的に一致していると見て論じられている印象を受ける。しかし、「御説法事」と「逆修説法」のいずれをもとにしたのかはひとまず置いて考えても、『名号徳』と法然の法語の文言には大きな相違がある。すなわち、その相違こそが法然の法語を依用しつつ、親鸞が『名号徳』において独自に展開させた内容を示す。この点について明らかにするべく、あらためて筆者も三書の対照を行い表にして本論末尾に収載した。

まず、最初に述べておきたいのは、先述のとおり「御説法事」と「逆修説法」とは和漢の相違を除き、ほぼ同文であることについてである。対照表には、（V）「┆」（「御説法事」と「逆修説法」の相違部分）の符号を用い

て両者のわずかな相違を本文の左側に破線で示している。その該当箇所を抜き出せば、

①御説法事…コノ界ノ日月燈燭等ノコトキハ　②御説法事…不婬不慳貪ノ戒
　逆修説法…如此界日月燈燭等光者　　逆修説法…不婬不貪ノ戒
③御説法事…無瞋善根所生ノ光久
　逆修説法…無瞋善根所生也久

とある①「光」②「慳」③「也」の文字の有無と、

④御説法事…モハラコノ阿弥陀仏ノ名号ヲ称念スレハ　⑤御説法事…一切智慧ヲマナウテ
　逆修説法…専念此阿弥陀仏名号者　　逆修説法…修一切智慧
⑥御説法事…智慧ハ勝劣アルコトナシ
　逆修説法…賰智者無有勝劣

といった④「称念」と「念」、⑤「マナウテ」と「修」、⑥「智慧」と「賰智」との表現の相違であり、全体でわずか六箇所にすぎない。この点から両者がほぼ同文であることは明らかである。これは従来より指摘のあることだが、本論においては前提となる重要な要素であるため、ここであらためて確認しておく。

このように、ほぼ同文である「御説法事」と「逆修説法」であるが、『名号徳』に対しては大きな相違を見せている。(6) 対照表によって知られるように、無量光・無礙光には一致する部分（対照表において符号のない部分）が多くみられるものの、無辺光・清浄光・歓喜光・智慧光に関してはほとんどが相違しており、とくに後半の三光釈は『名号徳』では略述されたような内容となっている。それでは、この相違について具体的に「親鸞の己証」「平易

化」を示しているといえるのかを以下に検討していきたい。

まず「親鸞の己証」といわれる点についてである。左記は『名号徳』の文言に、「御説法事」と「逆修説法」との両方の要素が見られる特異な例である。

「逆修説法」：次智慧光者、此是無痴善根所生光也。久修一切智慧、断尽愚痴之煩悩得此光故、云無痴所生光。

「御説法事」：次ニ智慧光ハコレハコレ無痴ノ善根所生ノ光ナリ　ヒサシク一切智慧ヲマナウテ愚痴ノ煩悩ヲタチツクシテコノ光ヲエタマヘルカユヘニ無痴所生ノ光トイフ

『名号徳』：次ニ智慧光トマフスハコレハ無痴ノ善根ヲモテエタマヘルヒカリ也　無痴ノ善根トイフハ一切有情智慧ヲナラヒマナヒテ無上菩提ニイタラムトオモフコヽロヲオコサシメムカタメニエタマヘルナリ…

これは、先述の「御説法事」と「逆修説法」との相違箇所を挙げたうちの⑤の文を前後を含めて引用しているのだが、傍線部に見られるようにその表現は三者三様である。『名号徳』では智慧光の解説として「智慧ヲナラヒマナヒテ」と述べており、この表現は「マナウテ」とある「御説法事」だけを素材として書いたのではその要素は出てこないと考えられる。また、逆に「逆修説法」だけを素材として書いた場合にも「修」の一字のみしかなく、『名号徳』にみられる「マナヒテ」の要素は出てこないだろう。「修」の字には「ナラフ」の訓がある。すなわち『大漢和辞典』（諸橋轍次編）に字義として「①をさめる。をさまる。ととのへる。ととのふ。②つくろふ。なほす。掃除する。③かざる。④おこなふ。をさめ行ふ。⑤習ふ。修習する。⑥まうける。そなへる。⑦書く。書物をつくる。⑧ながい。たかい。ながさ。たかさ。⑨すぐれる。立派。すぐれた人⑩よい。⑪うやまふ⑫月が丙にある時⑬他の楽器と合はせずに鐘だけを鼓すること。」とある通りである。また、この箇所は、同内容の法然法語の異本である『無縁集』（『昭和新修法然上人全集』所収本）では「一切智慧ヲ学テ」となっている。実は親鸞においては「ナラフ」と「マナフ」を合わせた表現は他にもある。それは『一念多念文意』にみられる「コトゴトヲナラヒマナブナリ」（二、六七一）[7]、「コトゴトヲナラヒマナブヒトナリ」（二、六六七）の訓であり、いずれも「異学」に付された左訓である。すなわち、「ナラヒマナヒテ」は親鸞の用例では「学」に付される訓であり、その点からいえば「ナラヒマナヒテ」とする『名号徳』の原素材としては、「逆修説法」や「御説法事」ではなく「学テ」とする『無縁集』の表現が最も近いことになる。また、そうであれば「御説法事」（マナフ）と『名号徳』（ナラヒマナヒテ）とに共通する「学」の一字をもった原素材も想定される。このような推測が許されるなら、同じ一字をもとにしながら『名号徳』は「御説法事」とは異なる訓み方をしているとも考えられる[8]。

この点について嬰木義彦氏[9]は、真宗教義において信心が智慧であるとはどういう意味において言いうるのかを検討する中で、この『名号徳』の智慧光の解説を引いて、

この文章によると、親鸞が「信心は智慧である」というとき、衆生が如来の智慧を習い学ぶということがその根底になければならないことがわかる。衆生が如来の智慧をならいまなぶことによって、はじめて無上菩提（ウエナキホトケ）に至ることができるのであるという主張がはっきりしている。

と述べ、さらに「御説法事」との比較を通して、とくに「一切」の語に注目し、

ところで、この文章は既に早くより指摘されているがごとく、『西方指南抄』上本の「法然聖人御説法事」の中の光明功徳の釈を承けながら、親鸞特有の理解を示したものである。いま両者を比較してみると、信心は智

慧であるといおうとする親鸞の思想の特色が明確になるであろう。（中略）しかしその智がどのようにして成立するのかという問題については、法然の場合では「智慧の光をして、てらし摂たまふゆへに」と表現されているだけであって、「一切有情、智慧をならひまなびて」という親鸞の表現のようには具体化され明確化されていないようである。その場合、極めて特徴的なことは、「一切」という語の使用法である。法然では「一切智慧」は如来が学んだものであって、いわゆる一切種知を指すものと考えられる。しかるに親鸞は「一切」を「有情」の語を修飾する語に転じて、「一切有情」が如来の智慧（一切種智と表現される）を学ぶこととして義を転じている訳である。「一切種智」を「一切有情」と言い代えてまで、信心の体が智慧であること、そうしてそれは衆生が仏の智慧をならいまなぶことによって成立するものであるということを主張しようとしている『弥陀如来名号徳』の釈は、親鸞の著作の中でも全く出色のもの（以下略）

といって親鸞の『名号徳』における解説が法然の法語を素材としながらも、いかに具体化・明確化させているかを両者の相違から指摘している。すなわち、そこには親鸞の独自性が示されているのであり、親鸞が法然の法語をそのままに依用しているわけではないことが知られる。また、このような独自性を示した内容は他にも見られる。たとえば無礙光釈の解説において『名号徳』に、

コノ弥陀ノ御ヒカリハモノニサエラレスシテヨロツノ有情ヲテラシタマフユヘニ無礙光仏トマフスナリ　有情ノ煩悩悪業ノコヽロニサエラレスマシマスニヨリテ無礙光仏トマフスナリ

とあるこの一文は「御説法事」と「逆修説法」のいずれにも見られない。ここでは、衆生の煩悩悪業の心に遮られないことに言及している点が『名号徳』の特徴であり、それはそのまま親鸞自身の釈義を示している。この点は、

国宝本『浄土和讃』「大経讃」の「無礙光仏のひかりには」の左訓に、

　　サワルコトナキヒカリノニヨライナリ　アクゴフボムナウニサエラレヌニヨリテムゲトマフスナリ

（二、三六五）

と記される内容と一致する。このことからも、『名号徳』において親鸞は法然の法語を展開させていることがわかる。ここに「親鸞の己証」といわれる『名号徳』の独自性を確認することができるのである。

次に「平易化」についてであるが、ここでは法然の法語と『名号徳』との相違をさらに詳細にみていくことで確認していきたい。すなわち、対照表に示した符号のうち（Ⅰ）「　」（『名号徳』のみにある部分）、（Ⅱ）「　」（『名号徳』にのみない部分）、（Ⅲ）**ゴチック体**（表現の相違部分）の三点についての検討である。[10]

まず、（Ⅰ）とは、法然の法語にはなく『名号徳』のみにある部分であるが、それは成立順から考えて『名号徳』において増補されたとみられる部分を示している。一例をあげれば、

【『名号徳』の増補】

「逆修説法」：恵心勘之云
「御説法事」：恵心コレヲカムカヘテイハク
『名 号 徳』：恵心 院ノ僧都 コノ ヒカリ ヲ勘テノタマハク

「逆修説法」：彼仏光明
「御説法事」：カノ仏ノ光明

『名　号　徳』：カノ無礙光仏ノ光明

「逆修説法」：貪有二、婬貪財貪也

「御説法事」：貪ニ二アリ　婬貪財貪ナリ

『名　号　徳』：貪欲トイフ　ニ二アリ　一ニハ婬貪　二ニハ財貪ナリ

などであり、これらはいずれも法然の法語においては文脈上の問題があるわけではないが、『名号徳』において新たに文言が加えられた部分とみられる。上記の例によって増補の目的として考えられるのは情報の補足であろう。すなわち、理解の助けとなる文言を補っていると見ることができる。また、次に六光の一々の説明の形式は『名号徳』では以下のように、

「逆修説法」：無量光者経云……故云無量光

「御説法事」：無量光ハ経ニノタマハク……カルカユヘニ無量光トイフ

『名　号　徳』：無量光トイフハ経ニノタマハク……ニヨリテ無量光トマフスナリ

と、おおよそ「○○光トイフハ（トマフスハ）」との文言で始まり、解説内容を承けて「～ニヨリテ（あるいはユヘニ）○○光（仏）トマフスナリ」で終わるという表現になっている。この点からは、「御説法事」「逆修説法」にはない文言を補うことにより、六光を通して語調が整えられている印象を受ける。

次に、（II）の法然の法語にはあって『名号徳』にはない部分である。これはおそらく『名号徳』における省略あるいは脱落を示していると考えられる。用例を挙げて確認していくと、たとえば、

【『名号徳』の省略・脱落】

「逆修説法」：一々相中、各具七百五倶胝六百万光明
「御説法事」：一一ノ相ノ中ニオノ、、七百五倶胝六百万ノ光明ヲ具セリ
『名　号　徳』：一一ノ相ニオノ、、七百五倶胝六百万ノ光明アリ

「逆修説法」：三千大千世界各有四重鉄囲山。謂先有囲一四天下之鉄囲山、高斉須弥山
「御説法事」：三千大千世界ニオノ、、四重ノ鉄囲山アリ　イハユルマツ一四天下ヲメクレル鉄囲山アリ
タカサ須弥山トヒトシ
『名　号　徳』：三千大千世界ニオノ、、四重ノ鉄囲山アリ　タカサ須弥山トヒトシ

「逆修説法」：摂取此界念仏衆生無有障礙。照摂余十方世界事亦如是。故云無礙光
「御説法事」：コノ界ノ念仏衆生ヲ摂取シタマフニ障礙アルコトナシ　余ノ十方世界ヲ照摂シタマフコト
モマタカクノコトシ　カルカユヘニ無礙光トイフ
『名　号　徳』：コノ念仏衆生ヲ摂取シタマフニサワルコトマシマサヌユヘニ無礙光トマフスナリ

などである。いずれも『名号徳』に該当する部分がないことによって文脈に問題が生じることはない。そうであれば、親鸞による意図的な省略だとみるのが妥当であろうが、一方で脱落の可能性も否定できない。また、同様の箇所が全体の分量からいって少ないことから、仮に意図的な省略であったとしても積極的になされたとは言い難い。

最後に（Ⅲ）の『名号徳』と法然の法語とで表現が相違している部分についてである。これはすでに述べたとおり対照表を一見すればわかるほど広範囲にわたる。すなわち、

【両者の表現の相違】

「逆修説法」：次無礙光者、如此界日月**燈燭等光者、雖一重**隔物者其**光無徹**

「御説法事」：ツキニ無礙光ハコノ界ノ日月**燈燭等ノコトキハヒトヘナリトイヱトモ**モノヲヘタテツレハソノヒカリ**トホルコトナシ**

『名 号 徳』：次ニ無礙光トイフハコノ日月**ノヒカリハ**モノヲヘタテツレハソノヒカリ**カヨハス**

「逆修説法」：**若彼仏光被礙物者、此界衆生、設雖念仏不可得蒙其光摂。其故**彼極楽世界…

「御説法事」：**モシカノ仏ノ光明モノニサエラルレハコノ界ノ衆生タトヒ念仏ストイフトモソノ光摂ヲカフルコトヲウヘカラス　ソノユヘハ**カノ極楽世界…

『名 号 徳』：**コノ弥陀ノ御ヒカリハモノニサエラレスシテヨロツノ有情ヲテラシタマフユヘニ無礙光仏トマフスナリ　**有情ノ煩悩悪業**ノコ、ロニサエラレスマシマスニヨリテ無礙光仏トマフスナリ無礙光ノ徳マシマササラマシカハイカ、シ候ハマシ**　カノ極楽世界…

「逆修説法」：摂取此界念仏衆生**無有障礙**

「御説法事」：念仏衆生ヲ摂取シタマフニ**障礙アル**コト**ナシ**

『名号徳』：念仏衆生ヲ摂取シタマフニ**サワル**コト**マシマサヌ**

などが、その一例である。『名号徳』の表現が法然の法語に対して相違していることは明らかである。相違の内容は、おおよそ『名号徳』における解説の簡略および詳説だといえるだろう。上記の無礙光釈でいえば第一の例では、「燈燭等」と「一重（ヒトヘ）」を省略しつつ「日月ノヒカリ」の語に、ものによって遮られる光の意味を代表させて解説を簡略化している。また、第二の例では、仏の光がもしも、ものによって遮られるようであったなら摂め取られることがないという表現であったのを、仏の光は遮られるようなものではないことへと改め、さらに無礙光仏についての解説を重ねて示し、そのはたらきを詳説していると考えられる。また、第三の例の「サワルコトマシマサヌ」のように平易に言い換えるような箇所もみられる。

このように、『名号徳』においては、文言の入出あるいは表現を改めることによって独自の展開をなしており、おおよそ「平易化」をなしているということができるだろう。しかし、そこには略述だけでなく、詳説している箇所もあることには注意しておきたい。

以上、《(a)、『名号徳』の独自の展開（素材となった法然の法語との内容的な相違）とは、「親鸞の己証」であり、「平易化」をなしているといえるのか。》という点について、あらためて検討してきた。その結果、『名号徳』の内容に「親鸞の己証」「平易化」が見られることは、支持すべき内容であることが確認される。

（4）親鸞の引用文における和漢表記と「逆修説法」説の問題点

次に、《(b)、『名号徳』の独自の展開（素材となった法然の法語との内容的な相違）と和漢表記の相違とは齟齬をきたすものなのか。》という点についてである。これは『名号徳』の素材となった法語は「逆修説法」であるとする説への問題提起でもある。霊山氏の主張では、「御説法事」説に則った時に「御説法事」と『名号徳』の和漢の相違が、『名号徳』の傾向である「平易化」に逆行しているというのがその中心であった。先の章で確認したように、筆者は霊山氏の主張される『名号徳』の「平易化」に関してはおおむね賛成である。ただし、『名号徳』の素材となった法然の法語が「御説法事」であったと仮定した時に、両者の和漢の相違が『名号徳』における平易化の傾向に齟齬をきたすことについては疑問である。問題となるのは、対照表に示した符号のうち（Ⅳ）「〰」（『名号徳』と『指南抄』との和漢相違部分）の箇所である。再度確認しておくと、『名号徳』と「御説法事」の文体はいずれも基本的には和文である。その中で、文言そのものは一致していて、和漢の表記のみが相違している箇所は実は十箇所しかない。また、その十箇所には同種の相違があることから、まとめると以下の①〜⑥の用例になる（全体で③と同じ相違が四箇所、⑥と同じ相違が二箇所である）。

「御説法事」：　アマネク十方世界ヲテラス念仏ノ衆生ヲ摂取シテステタマハス

『名　号　徳』：①　徧照十方世界　念仏衆生　摂取不捨

「御説法事」：　カムカヘテ　ツキニ　トホリテラシテ　ナリ　光

『名 号 徳』：② 勘テ　③ 次ニ　④ 徹照テ　⑤ 也　⑥ ヒカリ

右記の中で焦点となる相違は①②③④⑤である。これらは「御説法事」においては仮名、『名号徳』では漢字であるという相違であり、『名号徳』の素材が「御説法事」であったと仮定したときには、親鸞が仮名から漢字へと改めた箇所になる。中でも、霊山氏が指摘された『名号徳』における「平易化」への逆行の代表的な例が①であった。ここで確認しておきたいのは、まず①は『観経』から引用された一文であり、引用文の大部分は書き下し文であるという点である。すなわち、基本的には仮名交じりで書かれている引文の中で、その一部分だけが唐突に漢文体で書かれているのである。『名号徳』の引用箇所全文にカギ括弧を付して示せば、

「無量寿仏ニ八万四千ノ相**マシマス**　一一ノ相ニオノ、、八万四千ノ随形好**マシマス**　一一ノ好ニマタ八万四千ノ光明**マシマス**　一一ノ光明偏照十方世界念仏衆生摂取不捨」トイヘリ

となる。たしかに霊山氏の主張されるように、『名号徳』が仮名書きのものを漢字へと改めたのであれば、仮名を漢字へ戻す「平易化」への逆行作業を行ったという問題が生じ、逆に漢文体のものを素材として書いたという前提をもてば、該当箇所が漢文表記であることについて問題は生じない。しかし、その場合にも引用文のほとんどが書き下してあるのに、なぜ該当箇所のみが漢文体のままに書写されたのかという点は問題なのではないだろうか。なぜなら「平易化」を徹底するのであれば、引用文全体を書き下す方がその意に沿った内容となるからである。つまり、漢文体のテキストを素材として『名号徳』を制作した場合に、全体としては「平易化」の傾向が見られるのに、なぜ「御説法事」のように引用全文を書き下さなかったのかが、問題として残存しているといわねばならないので

ある。この点について以下に用例を挙げて検討してみたい。
ここで、親鸞の用例として取り上げるのは御消息である。それは『名号徳』が従来より『親鸞聖人御消息集』第十七通、唯信房宛御消息に添付された資料に関連するものであると推定されていることによる。すなわち、この御消息に「十二光仏の御ことのやう、かきしるしてくだしましらせさふらふ」(二、八四八)と述べられる十二光の略述が『名号徳』を指すとの推測が一般的な見解であり[11]、『名号徳』と御消息には門弟宛に書き記したという意味で法然の法語を依用する姿勢に共通するものがあるのではないかと考えるからである。親鸞の御消息において、経釈文の引用をみていくと、書き下し文あるいは取意が多いことがわかる。たとえば、「かさまの念仏者のうたがひとわれたる事」と題される建長七年十月十七日付の真筆消息には、

しかれば、恵心院の和尚は、『往生要集』に、本願の念仏を信楽するありさまをあらわせるには、「行住座臥をえらばず、時処諸縁をきらわず」とおほせられたり。「真実の信心をえたる人は摂取のひかりにおさめとられまいらせたり」と、たしかにあらわせり。しかれば、无明煩悩を具して安養浄土に往生すれば、かならずすなわち无上仏果にいたると、釈迦如来ときたまへり。しかるに、「五濁悪世のわれら、釈迦一仏のみことを信受せむことありがたかるべしとて、十方恒沙の諸仏、証人とならせたまふ」と、善導和尚は釈したまへり。「釈迦・弥陀・十方の諸仏、みなおなじ御こゝろにて、本願念仏の衆生には、かげのかたちにそえるがごとくしてはなれたまはず」とあかせり。しかれば、この信心の人を釈迦如来は、「わがしたしきともなり」とよろこびまします。

(二、七四五、真筆消息第一通)

とあり、引用される『往生要集』や「散善義」、『大経』の文はいずれも取意である。他にも『大経』や『阿弥陀経』など引用の際には仮名交じりで記述されている。一方で漢文体が用いられる用例を宛名別に示すと、
①性信宛…末燈鈔（三）・善性本（五）・血脈文集（六）
『大経』「次如弥勒」
②真仏宛…末燈鈔（四）・善性本（六）[12]
『華厳経』「信心歓喜者与諸如来等」、『大経』「見敬得大慶則我善親友」、『大経』「十方世界无量諸仏不悉咨嗟称我名者不取正覚」
③随信宛…末燈鈔（一八）
『華厳経』「見敬得大慶則我善親友」
④念仏人々御中宛…御消息集（九）
『法事讃』「五濁増時多疑謗道俗相嫌不用聞見有修行起瞋毒方便破壊競生怨」
⑤慈信房宛…御消息集（一〇）
『法事讃』「五濁増時多疑謗道俗相嫌不用聞見有修行起瞋毒方便破壊競生怨」
⑥専信宛…善性本（七）
『大経』「設我得仏国中人天不住定聚必至滅度者不取正覚」

の六例である。これらはすべて御消息の集成本に収録されるもので、親鸞の真筆消息は現存していない。しかし、現存する真筆消息と『末燈鈔』をはじめとした集成本とに収録された同内容の御消息を比較すればわかるように、[13]

仮名書きされた引用文を後の集成本が漢文化させる例は一例もない。すなわち、これら集成本の漢文表記は親鸞の漢文表記をそのまま踏襲したものと考えて問題ない。また、宛名には真仏・性信・専信・随信などの名前が出てくるが、これらの門弟に宛てた御消息の中で、経釈の文を引用する際に必ず漢文体を用いているわけではない。しかも、一通の中に複数の引用文がある際にも、必ずしも和漢の表記が統一されているわけでもない。たとえば、上記①の性信房宛御消息には、

さて『大経』には、「次如弥勒」とは申なり。弥勒はすでに仏にちかくましませば、弥勒仏と諸宗のならひは申なり。しかれば、弥勒におなじくらゐなれば、正定聚の人は如来とひとしとも申なり。浄土の真実信心の人は、この身こそあさましき不浄造悪の身なれども、心はすでに如来とひとしければ、如来と申こともあるべしとしらせ給へ。弥勒すでに无上覚にその心さだまりてあかつきにならせ給ふによりて、三会のあかつきと申なり。浄土真実の人も、このこゝろをこゝろうべきなり。光明寺の和尚の『般舟讃』には、「信心の人は、その心すでに浄土に居す」と釈し給へり。

とあって二つの経釈文が引用されながら、『大経』と『般舟讃』とでは和漢の表記は異なっている。[14] また、『名号徳』に引用された『観経』のような、一文の途中で和文と漢文が混在する用例については、門弟の書いた文書に親鸞が添削を施して返信した慶信上書に、

罪悪の我等がためにおこしたまえる大悲の御誓の目出たくあわれにましますうれしさ、こゝろもおよばれず、ことばもたえて申つくしがたき事、かぎりなく候。自《より》㆓无始曠劫㆒以来、過去遠々に、恒沙の諸仏の出世の所にて、自力の〔大〕菩提心おこすといゑども、さとり〔自力〕かなはず、二尊の御方便にもよをされまいらせて、

雑行雑修自力疑心のおもひなし。无礙光如来の摂取不捨の御あわれみの故に、疑心なくよろこびまいらせて、一念するに〔までの〕往生定て、誓願不思議と心得候ひなん〔む〕には、聞見る〔候〕にあかぬ浄土の御〔聖〕教も、知識にあいまいらせんとおもはんことも、摂取不捨も、信も、念仏も、人のためとおぼえられ候。

（二、七四九、真筆消息第四通、〔 〕内は親鸞の添削[15]）

とあって、仮名交じりの御消息の中において唐突に漢文体を用いる例が見られる。この点から、門弟においても親鸞と同様の姿勢をもって表記していたとみることができる。このように、御消息における経釈文の引用表記には大らかなものがあり、親鸞が漢文・和文それぞれの表記を峻別して記していたとは考えにくい。そうなると、『名号徳』における和漢の表記も親鸞自身の本来の表記方法によるものであり、和漢の文体を問うことが必ずしも素材となった法然の法語を確定する材料とはならないのではないかと考えられる。

以上のように、『名号徳』の本文自体は「御説法事」と比較すれば、漢文体あるいは漢字で書かれている箇所もあるが、そのことは必ずしも『名号徳』全体の「平易化」を妨げるものではない。また、親鸞の用例からすれば『名号徳』の和漢表記や表現などの特徴は『名号徳』自身の独自性、すなわち原素材の表記ではなく親鸞自身によるところが大きいのではないかと推測されるのである。

（5）親鸞における法然法語の依用姿勢と「御説法事」説の問題点

それでは最後に《（c）、『名号徳』が法然の法語を依用しながらも、「法然曰」などと示さないのは親鸞編集の

「御説法事」が素材だからなのか。》という点についてである。これは「御説法事」説のうち、谷下氏の主張に対する問題提起であり、ここでも親鸞が法然の法語を依用している用例から検討してきたい。

ここで取り上げるのは、先の章と同じ理由からやはり御消息であるが、法然の法語との直接的な関連が認められる用例は限られている。その中でも複数回にわたって説示され、御消息に限らず『如来二種回向文』や『尊号真像銘文』など親鸞の著作の諸処に見られる、いわゆる「無義為義」の法語を最初に挙げたい。たとえば、建長七年十月十七日付の真筆消息には、

如来の御ちかひなれば、他力には義なきを義とすと、聖人の仰せごとにてありき。義といふことは、はからふことばなり。行者のはからひは自力なれば、義といふなり。他力は、本願を信楽して往生必定なるゆへに、さらに義なしとなり。

（二、七四三、真筆消息第一通）

と述べられるように、ここでは法然の法語であることを「聖人の仰せごとにてありき」と示している。このような形式で依用されている用例は、慈信房宛の、

また弥陀の本願を信じ候ひぬるうへには、義なきを義とすとこそ、大師聖人の仰せにて候へ。かやうに義の候ふらんかぎりは、他力にはあらず、自力なりときこえて候ふ。また他力と申すは、仏智不思議にて候ふなるときに、煩悩具足の凡夫の無上覚のさとりを得候ふなることをば、仏と仏のみ御はからひなり。さらに行者のはからひにあらず候ふ。しかれば、義なきを義とすと候ふなり。

（二、八四九、『親鸞聖人御消息集』第十八通）

との御消息や、浄信房宛真筆消息の、

しかれば、如来の誓願には義なきを義とすとは、大師聖人の仰せに候ひき。このこころのほかには往生にいるべきこと候はずとこころえて、まかりすぎ候へば、人の仰せごとにはいらぬものにて候ふなり。

（二、七五七、真筆消息第六通）

に見られる。これらは法義の説明をする際に用いる「無義為義」について、法然の法語であることを明示している用例であると言える。また、『善性本御消息集』第七通では、専信の質問状に出てくる「このゆへに他力なり、義なきがなかの義となり」（二、八六六）との内容について親鸞は返信の中で、

このゆゑに、他力と申すは行者のはからひのちりばかりもいらぬなり。かるがゆゑに義なきを義とすと申すなり。このほかにまた申すべきことなし。ただ仏にまかせまゐらせたまへと、大師聖人のみことにて候へ。

（二、八六七）

と記しており、基本的には法然の法語については「法然の仰せ」として語る姿勢がみられる。ただし一方で、同じ内容ながらも「けうやう房」宛の御消息では、

このふみをもて、人々にもみせまいらせさせ給べく候。他力には義なきを義とは申候也。

（二、七六四、古写消息第一通）

とあるように、ここでは法然の法語であることについてはとくにことわっていない。「無義為義」の法語を示す御消息では唯一の例外ということになる。ただし、この内容は「古写消息」第一通では本文開始前の余白の部分に書かれたもので、『末燈鈔』第九通の『真宗法要』所収本では、この前に「端書云」とあって元々は本文とは異なる

位置に書かれたものであったと考えられる。その点からいえば他の用例と同じように扱うには若干の問題がある。しかし、御消息を回覧することを望んでいる内容であり、なおかつ本文内容でないにも関わらず門弟が書写していることからすれば、親鸞自身の記したものだと推定すべきであろう。これらの用例からわかることは、同じ法然の法語を依用する場面において一つの例外を除き、基本的にはそのことを明示しているということである。なお、この「無義為義」の法語は『法然上人伝法絵』に、

しかのみならず、釈迦慇懃の付属、諸仏一味の証誠は、ただ名号にかぎりて観仏に通ぜず、指方立相してあへてふかきことはりをあかさず無智の義文ことはり必然なり、ただ信じて行ずるほかには義なきをもて義とす。(16)

とあるように、法然の伝記の中で伝えられた形跡が見られる。

それでは次に、今、問題としている『指南抄』に関連した用例である。『末燈鈔』第六通には、

故法然聖人は、浄土宗の人は愚者になりて往生すと候ひしことを、たしかにうけたまはり候ひしうへに、ものもおぼえぬあさましきひとびとのまゐりたるを御覧じては、往生必定すべしとて、笑ませたまひしを、みまゐらせ候ひき。

（二、七八七）

とあり、法然の法語として「浄土宗の人は愚者になりて往生す」を示している。この言葉は、そのものが直接的に収録されているわけではないが、『指南抄』の「またいはく、聖道門の修行は、智慧をきわめて生死をはなれ、浄土門の修行は、愚痴にかへりて、極楽にむまる」などの法語によるものだと見られている。これらの点から親鸞自身が編集したという理由で、『指南抄』から依用した法然の法語について、その旨を明示しないという指摘はあたらないことになる。また、『末燈鈔』の第八通は、

また五説といふは、よろづの経をとかれ候に、五種にはすぎず候なり。一には仏説、二には聖弟子の説、三には天仙の説、四には鬼神の説、五には変化の説といへり。このいつゝのなかに、仏説をもちゐてかみの四種をたのむべからず候。この三部経は釈迦如来の自説にてましますとしるべしとなり。（二、七八九）

とあるように、五説・四土・三身・三宝などの法義に関する重要な名目を並べ説いたものである。その内容から『指南抄』「浄土宗大意」の解説だと言われているが、そこには法然の法語であることの説明は一切なされていない。

以上、法然の法語について親鸞の依用姿勢を御消息の用例からみてきた。「無義為義」の法語のように、ほぼ例外なく法然の言葉として示される用例もみられる。しかし、おおよその傾向としては、正確な引用というよりも法然の法語に明かされた法義を示すことに重点がおかれ、そこに親鸞の基本的な姿勢を看て取ることができる。そのため、すでに述べたように「法然曰」などのことわりや出典は、親鸞自身が編集した法語集からの依用であるからとの理由で示されないという性質のものではなかったと考えられる。よって、親鸞が法然の法語を依用する際にその旨を示す（あるいは示さない）ことに使い分けはなく、そのことが『名号徳』の素材を「御説法事」であったとする根拠にはならない、といわねばならない。

（6）小　結

『名号徳』の素材になった法然の法語は、先行研究が明らかにしていた「御説法事」（和文体）または「逆修説法」（漢文体）のいずれにもその可能性があると考えられる。しかし、親鸞の御消息の用例からすれば、『名号徳』の表記や文言の特徴を和文体・漢文体のいずれに重ねても、そのすべてが先行研究にあがっていた素材によるものだと断定することは極めて難しく、そこにはさらなる検討が必要であろう。また、その検討とは『指南抄』をはじめとした法然の法語集の原素材の問題にも深く関係していると考えられる。法然の法語集は、それぞれの制作者が直接的あるいは間接的に聞見したものによって制作されたのであろうが、その内容には大差がない部分がある。すなわち、そこには共通する原素材が想定されるのである。その点からいえば、同素材からの制作というにはむしろ『名号徳』こそが異質なのである。『名号徳』のように、親鸞が自釈形式として法然の法語をこれほど長文にわたり採録した例は他にない。『名号徳』と「御説法事」「逆修説法」とを比較して、その全体を見わたすとわかるように、もとにして書いたものではあっても『名号徳』は法然の法語を忠実に書写したという内容ではなく、明らかに独自の展開を成している。しかし、そのことは『名号徳』の内容が、法然の法語の内容から逸れることを意味するのではなく、親鸞が法然から相承した法義を自らの言葉で伝えることを目指した結果であったと考えられる。そこにこそ、「法然曰」と示さない理由があり、親鸞の『名号徳』における法然法語の依用姿勢があったのではないだろうか。

註

（1）　梅原真隆氏「親鸞聖人の徳号釈義―「西方指南抄」と「弥陀如来名号徳」について―」（『顕真学報』通巻六号／一九三一年十二月）。なお、中略箇所には『指南抄』の該当箇所が引用されている。

（2）　谷下一夢氏「弥陀如来名号徳について」（『龍谷史壇』第十六号／一九三五年八月）。中略箇所において無礙光釈の比較検討がなされている。

(3) 霊山勝海氏「弥陀如来名号徳と〈法然聖人御説法事〉」(『西方指南抄論』第八章/永田文昌堂/一九九三年七月)

(4) 先掲　梅原氏同論文

(5) これについては、『指南抄』の親鸞真筆本、真仏・顕智書写の直弟本のいづれも確認したが「シカレハスナワチモシ無礙光ニアタラスハ」であった。仮にこれが誤記であったとしたなら、真筆本を写したと推定される真仏はそれに気づかなかった、あるいは誤記とは考えなかったことになる。『指南抄』の直弟本においても訂正がなされていないことを、どのように考えるかは一つの問題点であろう。

(6) 対照表には示していないが、『指南抄』直弟本について比較を行った結果、親鸞聖人の真筆本と変わらない内容であったことを付記しておく。

(7) とくにことわらなければ、引用文の後に示す( )は、『浄土真宗聖典全書』の巻数と頁数を示す。なお、引用文における傍線はすべて筆者による。

(8) なお、「学」に「マナブ」「ナラフ」との訓を示す例は必ずしも親鸞にかぎるものではなく、平安時代後期(主として一〇〇一年以降)の訓点本の和訓語彙を集めた『訓点語彙集成』(築島裕編)によれば仏典に同様の例がある。

(9) 「親鸞教学における信心と智慧の問題」(『真宗学』第五四号/一九七六年二月)

(10) ただし、この両者の相違の三分類については、あくまで全体の相違を便宜的に分類して示したもので、広い意味では(Ⅰ)(Ⅱ)は(Ⅲ)におさめることができる内容であることをことわっておきたい。

(11) 御消息と『名号徳』を直接に結びつける資料は現存しない。ただし、双方に共通する文言も見られることから、御消息に添付されていたのが、『名号徳』の祖本に関連する十二光の略述であったことは十分に考えられ、従来の見解を支持した上で論を進める。

(12) この『善性本御消息集』第六通の第十七願文は冒頭が「十方世界の无量の諸佛」(二、八六五)となっていて、御消息における漢文表記の引用文の中で唯一、諸本によって和漢の表記が異なる。

(13) 『浄土真宗聖典全書』第二巻(宗祖篇上)では、真筆消息と集成本との校異がなされており、親鸞の真筆において「申」「候」「又」などとされていた字を、集成本では仮名書きにあらためる例は数多いが、その逆はほとんどみられない。

(14) なお、門弟においても浄信の上書（二、七五七、真筆御消息第六通）のように、一通の中に和漢両方の表記が用いられている例もあり、『善性本御消息集』第二通（二、八五六）ではその表記を忠実に書写している。

(15) この慶信上書における「自《より》二无始曠劫一以来」の箇所は、後の集成本である『末燈鈔』第十四通、『善性本御消息集』第一通では「无始曠劫よりこのかた」（二、七九八・八五四）と仮名表記に改められている。慶信上書は、親鸞が確認した上で自ら筆を取って加筆していること、また合わせて蓮位に添状を書かせていることから資料的な信頼は十分にあると考えられる。よって、和漢混在表記の例としてここに示している。

(16) 『高田古典』第四巻収録。『拾遺古徳伝』巻八第三段（『真聖全』三、七四八）にも同じ内容が見られる。また、『拾遺古徳伝』巻九第八段には「また沙弥随蓮［在所四条万里の小路の四条おもて］出家ののち、つねに聖人御房につかへて配所へもしたがひたてまつりけり。御臨終のとき随蓮をめしてのたまはく、念仏は様なきを様とするなり、ただひらに称名の行をもはらにすべしと。［云々］随蓮ひとへに禅命を信じて、ふたごころなく念仏しけり。聖人往生已後三箇年をふるあひだ、遺弟等のいはく、念仏はすれども三心具足せずば往生かなふべからずと。［云々］ここに随蓮いはく、故聖人は念仏は義なきを義とす、ただひらに仏語を信じて念仏せよとて、またく三心のことおほせられざりきと。かのひとこたへていはく、それは一切にこころうまじきもののための方便なり、御存知のむねはよなとて、文釈のこころゆゆしくまうしきかせけり。」（傍線部は『法然上人伝法絵』〈『高田古典』第四巻、五〇一〉と合致する内容）ともあり、また「護念経の奥に記せる御詞」には「浄土安心起行の事、義なき義とし、様なきを様とす。浅きは深きなり。只南無阿弥陀佛と申せば、十悪五逆も、三宝滅尽の時の衆生も、一期に一度善心なきものも決定往生遂るなり。釈迦弥陀を証とす」（『昭和新修法然上人全集』、一一九）とある。

『弥陀如来名号徳』・「法然聖人御説法事」・「逆修説法」（対照表）

○対照に用いた本文は、それぞれ以下のものによった。『弥陀如来名号徳』（『浄土真宗聖典〈原典版〉』）、「法然聖人御説法事（『西方指南抄』所収）」（『親鸞聖人真蹟集成』第五巻）、「逆修説法（『漢語灯録』所収）」（『昭和新修法然上人全集』）

○対照に用いた符号は以下の内容を示す。

（Ⅰ）（網掛け）—『名号徳』にのみある部分
（Ⅱ）（枠囲み）—『名号徳』にのみない部分
（Ⅲ）**ゴチック体**—表現の相違部分
（Ⅳ）（波線）—『名号徳』と「御説法事」との和漢相違部分
（Ⅴ）（点線）—「御説法事」と「逆修説法」の相違部分

『弥陀如来名号徳』

無量光**トイフ**ハ経ニノタマハク　無量寿仏ニ八万四千ノ相**マシマス**一一ノ相ニオノ丶丶八万四千ノ随形好**マシマス**　一一ノ好ニマタ八万四千ノ光明**マシマス**　一一ノ光明**徧**照十方世界念仏衆生摂取不捨トイヘリ　恵心院ノ僧都コ**ノ**ヒカリヲ勘テ**ノタマハ**ク　一一ノ相ニオノ丶丶七百五倶胝六百万ノ光明**アリ**　熾然赫奕タリトイヘリ　一相ヨリイツルトコロノ光明カクノコトシ　イハムヤ八万四千ノ相**ヨリイテムヒカリノオホキコトヲオシハカリタマフヘシ　コノ光明ノカスノオホキニヨリテ**　無量光ト**マフスナリ**

「法然聖人御説法事（『西方指南抄』所収）」

無量光ハ経ニノタマハク　無量寿仏ニ八万四千ノ相**アリ**　一一ノ相ニオノ丶丶八万四千ノ随形好**アリ**　一一ノ好ニマタ八万四千ノ光明**アリ**　一一ノ光明アマネク十方世界ヲテラス念仏ノ衆生ヲ摂取シテステタマハストイヘリ　恵心コ**レ**ヲカムカヘテ**イハ**ク　一一ノ相ノ中ニオノ丶丶七百五倶胝六百万ノ光明**ヲ具セリ**　熾然赫奕タリトイヘリ　一相ヨリイツルトコロノ光明カクノコトシ　イハムヤ八万四千ノ相**オヤ　マコトニ算数ノオヨフトコロニアラス　カルカユヘニ**無量光ト**イフ**

「逆修説法（『漢語燈録』所収）」

無量光者経云　無量寿仏有八万四千相　一々相各有八万四千随形好復有八万四千光明一々光明遍照十方世界念仏衆生摂取不捨。云々　恵心勘之云。一々相中、各具七百五倶胝六百万光明、熾燃赫奕。云々　従一相所出光明如斯、況八万四千相乎。誠非算数所及。故云無量光。

次ニ無辺光トイフハカクノコトク無量ノヒカリ十方ヲテラスコトキワホトリナキニヨリテ無辺光トマフスナリ

次ニ無礙光トイフハコノ日月ノヒカリハモノヲヘタテツレハソノヒカリカヨハス　コノ弥陀ノ御ヒカリハモノニサエラレスシテヨロツノ有情ヲテラシタマフユヘニ無礙光仏トマフスナリ　有情ノ煩悩悪業ノコヽロニサエラレスマシマスニヨリテ無礙光仏トマフスナリ　無礙光ノ徳マシマササラマシカハイカヽシ候ハマシ　カノ極楽世界トコノ娑婆世界トノアヒタニ十万億ノ三千大千世界ヲヘタテタリトトケリ　ソノ一一ノ三千大千世界ニオノヽヽ四重ノ鉄囲山アリ　タカサ須弥山トヒトシ　次ニ少千界ヲメクレル鉄囲山アリ　タカサ第六天ニクタル　次ニ中千界ヲメクレル鉄囲山アリ　タカサ色界ノ初禅ニイタル　次ニ大千界ヲメクレル鉄囲山アリ　タカサ第二禅ニイタレリ　シカレハスナワチモシ無礙光仏ニテマシマサスハ一世界ヲスラトホルヘカラス　イカニイハムヤ十万億ノ世界オヤ　カノ無礙光仏ノ光明　カヽル不可思議ノヤマヲ徹照シテコノ念仏衆生ヲ摂取シタマフニサワルコトマシマサヌユヘニ無礙光トマフスナリ

ツキニ無辺光トイフハカノ仏ノ光明ソノカスカクノコトシ無量ノミニアラス　テラストコロモマタ辺際アルコトナキカユヘニ無辺光トイフ

ツキニ無礙光ハコノ界ノ日月燈燭等ノコトキハヒトヘナリトイヱトモモノヲヘタテツレハソノヒカリトホルコトナシ　モシカノ仏ノ光明モノニサエラルレハコノ界ノ衆生タトヒ念仏ストイフトモソノ光摂ヲカフルコトヲウヘカラス　ソノユヘハカノ極楽世界トコノ娑婆世界トノアヒタ十万億ノ三千大千世界ヲヘタテタリ　ソノ一一ノ三千大千世界ニオノヽヽ四重ノ鉄囲山アリ　イハユルマツ一四天下ヲメクレル鉄囲山アリ　タカサ須弥山トヒトシ　ツキニ少千界ヲメクレル鉄囲山アリ　タカサ第六天ニイタル　ツキニ中千界ヲメクレル鉄囲山アリ　タカサ色界ノ初禅ニイタル　次ニ大千界ヲメクレル鉄囲山アリ　タカサ第二禅ニイタレリ　シカレハスナワチモシ無礙光ニアタラスハ一世界ヲスラナホトホルヘカラス　イカニイハムヤ十万億ノ世界オヤ　シカルニカノ仏ノ光明カレコレソコハクノ大小諸山ヲトホリテラシテコノ界ノ念仏衆生ヲ摂取シタマフニ障礙アルコトナシ　余ノ十方世界ヲ照摂シタマフコトモマタカクノコトシカルカユヘニ無礙光トイフ

次無辺光者、彼仏光明其数如此、非啻無量、所照亦無有辺際、故云無辺光。

次無礙光者、如此界日月燈燭等光者、雖一重隔物者其光無徹。若彼仏光被礙物者、此界衆生、設雖念仏不可得蒙其光摂。其故彼極楽世界与此娑婆世界之間、隔十万億三千大千世界。其一々三千大千世界各有四重鉄囲山。謂先有囲一四天下之鉄囲山、高斉須弥山。次有囲小千界之鉄囲山、高至第六天。次有囲中千界之鉄囲山、高至色界初禅。次有囲大千界之鉄囲山、高至第二禅。然則若非無礙光者、一世界尚不可徹。何況十万億世界耶。然彼仏光明徹照彼此若于大小諸山、摂取此界念仏衆生無有障礙。照摂余十方世界事亦如是。故云無礙光。

次ニ清浄光トマフスハ法蔵菩薩貪欲ノコヽロナクシテエタマエルヒカリナリ　貪欲トイフニ二アリ　一ニハ婬貪二ニハ財貪ナリ　コノフタツノ貪欲ノコヽロナクシテエタマヘルヒカリ也　ヨロツノ有情ノ汚穢不浄ヲノソカムタメノ御ヒカリ也　婬欲財欲ノツミヲノソキハラハムカタメナリ　コノユヘニ清浄光トマフスナリ

次ニ歓喜光トイフハ無瞋ノ善根ヲモテエタマヘルヒカリ也　無瞋トイフハオモテニイカリハラタツカタチモナク心ノウチニソネミネタムコヽロモナキヲ無瞋トイフ也　コノコヽロヲモテエタマヘルヒカリニテヨロツノ有情ノ瞋恚憎嫉ノツミヲノソキハラハムタメニエタマヘルヒカリナルカユヘニ歓喜光トマフスナリ

次ニ智慧光トマフスハコレハ無痴ノ善根ヲモテエタマヘルヒカリ也　無痴ノ善根トイフハ一切

次ニ清浄光ハ人師釈シテイハク無貪ノ善根ヨリ生スルトコロノヒカリナリ　貪ニ二アリ　婬貪財貪ナリ　清浄トイフハタヽ汚穢不浄ヲ除却スルニハアラス　ソノ二ノ貪ヲ断除スルナリ　貪ヲ不浄トナツクルユヘナリ　モシ戒ニ約セハ不婬戒ト不慳貪戒トニアタレリ　シカレハ法蔵比丘ムカシ不婬不慳貪所生ノ光トイフ　コノ光ニフルヽモノハカナラス貪欲ノツミヲ滅ス　モシ人アテ貪欲サカリニシテ不婬不慳貪ノ戒ヲタモツコトエサレトモコヽロヲイタシテモハラコノ阿弥陀仏ノ名号ヲ称念スレハスナワチカノ仏無貪清浄ノ光ヲハナチテ照触摂取シタマフユヘニ婬貪財貪不浄ノソコル　無戒破戒ノ罪愆滅シテ無貪善根ノ身トナリテ持戒清浄ノ人トヒトシキナリ

次ニ歓喜光ハコレハコレ無瞋善根所生ノ光ヒサシク不瞋恚戒ヲタモチテコノ光ヲエタマヘリカルカユヘニ無瞋所生ノ光トイフ　コノ光ニフルヽモノハ瞋恚ノツミヲ滅ス　シカレハ憎盛ノ人ナリトイフトモモハラ念仏ヲ修スレハカノ歓喜光ヲモテ摂取シタマフユヘニ瞋恚ノツミ滅シテ忍辱ノヒトトオナシ　コレマタサキノ清浄光ノ貪欲ノツミ滅スルカコトシ

次ニ智慧光ハコレハコレ無痴ノ善根所生ノ光ナリ　ヒサシク一切智慧ヲマナウテ愚痴ノ煩

次清浄光者、人師釈云。無貪善根所生光也。云々　貪有二、婬貪財貪也。清浄者、非但除却汚穢不浄、断除其二貪也。貪名不浄故也。若約戒者、当不婬戒不慳貪戒。然者法蔵比丘昔不婬不慳貪所生光故、触此光者滅貪欲之罪。若有人貪欲盛雖不得持不婬不貪戒、至心専念此阿弥陀仏名号者、即彼仏放無貪清浄之光照触摂取故、除婬貪財貪之不浄、滅無戒破戒之罪愆、成無貪善根身、均持戒清浄人也。

次歓喜光者、此是無瞋善根所生光也。久持不瞋恚戒得此光故云無瞋所生光。触此光者滅瞋恚罪。然者雖瞋増盛人、専修念仏者、以彼歓喜光摂取故、瞋恚罪滅同忍辱人。是亦如前清浄光滅貪欲罪矣。

次智慧光者、此是無痴善根所生光也。久修一切智慧、断尽愚痴之煩

有情智慧ヲナラヒマナヒテ無上菩提ニイタラム
トオモフコヽロヲオコサシメムカタメニエタマ
ヘルナリ　念仏ヲ信スルコヽロヲエシムルナリ
念仏ヲ信スルハスナワチステニ智慧ヲエテ仏ニ
ナルヘキミトナルハコレヲ愚痴ヲハナルヽコ
トヽシルヘキナリ　コノユヘニ智慧光仏トマフ
スナリ

悩ヲタチツクシテコノ光ヲエタマヘルカユヘニ
無痴所生ノ光トイフ　コノ光ハマタ愚痴ノツミ
ヲ滅ス　シカレハ無智ノ念仏者ナリトイフトモ
カノ智慧ノ光ヲシテテラシ摂タマフカユヘニス
ナワチ愚痴ノ愆ヲ滅シテ智慧ハ勝劣アルコトナ
シ　マタコノ光ノコトクシリヌヘシ　カクノコ
トクシテ十二光ノ名マシマストイフトモ要ヲト
ルニコレニアリ

悩得此光故、云無痴所生光。此光
亦滅愚痴之罪。然者雖無智念仏者、
照彼智慧光摂取故、即滅愚痴愆、
賢智者無有勝劣。又如此光可知。
如是而雖有十二光名、取要在斯。

親鸞の往生観に関する諸見解

井上見淳

はじめに

親鸞が明らかにした「浄土真宗」における往生について、近年、様々な見解が出されている。そもそも阿弥陀仏浄土教における往生とは、少なくとも法然が言うところの道綽・善導流[1]においては、命終に浄土に往き生まれるとする理解が主流を占めてきたといえよう。この理解は、法然の往生観としてはもちろんのこと、親鸞の往生観としてもこれまでに広く理解されてきたものである。

しかしながら近年、親鸞の往生観として一部で盛んに語られる理解は、これまでの理解に対して批判的になされるものである。すなわち一つには、親鸞のいう往生とは、現生の獲信、あるいは入正定聚を意味する特殊なものであり、従来の浄土教で語られてきた臨終における往生ではないとする説、もう一つには、これら両者の折衷説であり、親鸞のいう往生には、現生での往生と臨終での往生との両方が見られるとする説である。今これらの見解を便宜上、次のように分類しておきたい。

A説：親鸞のいう往生とは、命終に浄土に往き生まれることとする説
B説：親鸞のいう往生とは、現生での獲信、あるいは入正定聚を意味するとする説
C説：親鸞のいう往生とは、A説とB説との両方が存在するとする説

親鸞は「よきひとの仰せをかぶりて信ずるほかに別の子細なきなり」（二、一〇五四）[2]との言葉に代表されるように法然から伝えられた法義の忠実な継承を述べる一方、自らの宗教経験とその強靭な思索力とによって「本願力回向」「現生正定聚」「往生即成仏」など明らかに独自の思想として位置づけられるものを産み出している。そして近年親鸞の往生観として主張されるB・C説は、やはりこうした親鸞独自の往生思想として主張されるのであるが、親鸞は、本当に現生での往生を主張していると言えるのであろうか。本論ではこの点を検討していくにあたり、各説の代表的論者の見解、および根拠となる親鸞の言葉を紹介しながら整理を試みる。そしてB・C説とは、根源的には何を主張しようとして語られているのかを明らかにし、検討を加えたい。

一、A説について

さてA説とは、親鸞のいう往生を、命が終わる時に浄土に往き生まれることとする説である。この理解は先述の通り、これまで親鸞の往生理解として主流となってきた理解であり、いわば一般的往生理解とも表現できよう。この説に立つ論者は、これまでの主流であるため枚挙にいとまがないものの、現在この往生の問題に関し、A説に立脚して多くの論考を発表している代表的な研究者としては、内藤知康氏を挙げることができよう。[3]

ところで親鸞の思想を論じる上で、根拠となるのは、言うまでもなく親鸞の言葉である。そこで次にA説の根拠となっている親鸞の言葉の中から主立ったものを次に挙げたい。

①「信文類」標挙→「正定聚之機」、「証文類」標挙→「必至滅度之願　難思議往生」（二、六六・一三二）

②往生と言ふは、『大経』には「皆受自然虚無之身無極之体」と言へり。［已上］『論』には「如来浄華衆　正覚華化生」と曰へり。また「同一念仏無別道故」と云へり。［已上］また「難思議往生」と云へる是なり。（「真仏土文類」二、一八〇）

③命終その期ちかづきて　本師源空のたまはく

往生みたびになりぬるに　このたびことにとげやすし（『高僧和讃』源空讃二、四六一）

④このよにて真実信心の人をまぼらせ給へばこそ、『阿弥陀経』には、「十方恒沙の諸仏護念す」とは申事にて候へ。安楽浄土へ往生してのちは、まもりたまふと申ことにては候はず。(4) 娑婆世界ゐたるほど護念すとは申事也。（「親鸞聖人真筆消息」第六通、二、七五六）

⑤浄土へ往生するまでは、不退のくらゐにておはしまし候へば、正定聚のくらゐとなづけておはします事にて候なり。まことの信心をば、釈迦如来・弥陀如来二尊の御はからひにて発起せしめ給候ふとみえて候へば、信心の定まると申は、摂取にあづかるときにて候ふなり。そののちは正定聚のくらゐにて、まことに浄土へむまるるまでは候ふべしとみえ候なり。（「親鸞聖人真筆消息」第八通、二、七五九）

⑥明法御房の往生のこと、おどろきまうすべきにはあらねども、かへすがへすうれしく候ふ。鹿島・行方・奥郡、かやうの往生ねがはせたまふひとびとの、みなの御よろこびにて候ふ。またひらつかの入道殿の御往生のこと

きき候ふこそ、かへすがへす申すにかぎりなくおぼえ候へ。めでたさ申しつくすべくも候はず。おのおのみな往生は一定とおぼしめすべし。（『親鸞聖人御消息集』第一通、二、八一七）

⑦この身は、いまは、としきはまりて候へば、さだめてさきだちて往生し候はんずれば、浄土にてかならずかならずまちまゐらせ候ふべし。（『末灯鈔』第十二通、二、七九五）

①は「信文類」の標挙が「正定聚之機」とあり、「証文類」には、その信の証果として「必至滅度之願　難思議往生」と標挙されている。もし親鸞の語る往生とは現生における事態であるとするのなら、「証文類」の内容を現生における事態と理解してしまわない限りは、なぜ「信文類」に「難思議往生」と標挙されていないかという疑問は、当然のこる。次に②は「往生と言ふは、『大経』には「皆受自然虚無之身無極之体」と言へり。…」とあり、以下に引用が続いて「難思議往生と云へる是なり」と結ばれているが、この一連の内容を現生に実現する利益と見ることはできないと考えられる。また③⑥⑦で語られる「往生」についても、これを獲信、および正定聚で理解するとなると、文脈的にかなり不可解なものとなる。次に④の文は、「護念」というのは「このよにて」あるいは「娑婆世界にいたるほど」の「護念」を言うのであり、娑婆を離れる「安楽浄土へ往生してのち」ではないという論旨で成立しているものである。同様に⑤も「往生するまでは」「浄土へむまるるまでは」という往生以前・以後の線引きによって、現生の得益である「不退のくらゐ」「正定聚のくらゐ」を明らかにしたものであり、④にしても⑤にしても、これらの往生を現生で理解すると、論旨が成立しなくなる。以上、A説の根拠となる親鸞の言葉を一部提示した。次にB・C説を合わせてみてゆきたい。

二、B・C説について

B・C説の定義を再説すると、B説とは、親鸞のいう往生とは現生の獲信あるいは入正定聚を意味するとする説であり、C説とは、親鸞のいう往生とはA説とB説との両方が存在するとする説である。このうち明らかにB説に立つ論者としては寺川俊昭氏を挙げることができ、おそらく曽我量深氏も含めることができると考えられる。またC説の代表的な論者としては上田義文氏、あるいは信楽峻麿氏を挙げることができる。[5] いずれの説も親鸞の言葉に依って立論されているのであるが、それぞれに用いる親鸞の言葉や論理展開に違いもある。しかしその点に関しては、それぞれ既に取り上げられて詳細に検討が加えられているものもあるので、[6] 本論ではB・C説に用いられる親鸞の言葉を列挙するのみとしておきたい。

① 信受本願、前念命終　[即入正定聚之数] 文

即得往生、後念即生　[即時入必定] 文

他力金剛心也、応知　[又名必定菩薩也] 文

（『愚禿鈔』二、二八八上）

② 「願力摂得往生」といふは、大願業力摂取して往生をえしむといへるこゝろ也。すでに尋常のとき信楽をえたる人といふ也、臨終のときはじめて信楽決定して摂取にあづかるものにはあらず。ひごろ、かの心光に

摂護せられまいらせたるゆへに、金剛心をえたる人は正定聚に住するゆへに、臨終のときにあらず。かねて尋常のときよりつねに摂護して捨てたまはざれば、摂得往生と申す也。（『尊号真像銘文』二、六二八）

③「即得往生」といふは、「即」はすなわちといふ、ときをへず、日おもへだてぬなり。また「即」はつくといふ、そのくらゐにさだまりつくといふことばなり。「得」はうべきことをえたりといふ。真実信心をうれば、すなわち無礙光仏の御こゝろのうちに摂取して捨てたまはざるなり。摂はをさめたまふ、取はむかへとるとまふすなり。おさめとりたまふとき、すなわち、とき・日おもへだてず、正定聚のくらゐにつきさだまるを往生をうとはのたまへるなり。（『一念多念文意』二、六六二）

④この二尊の御のりをみたてまつるに、すなわち往生すとのたまへるは、正定聚のくらゐにさだまるを不退転に住すとはのたまへるなり。このくらゐにさだまりぬれば、かならず無上大涅槃にいたるべき身となるがゆへに、等正覚をなるとものとき、阿毘跋致にいたるとも、阿惟越致にいたるとも説きたまふ。「即時入必定」とも申すなり。（『一念多念文意』二、六六四）

⑤「致使凡夫念即生」といふは、…中略…「念」は如来の御ちかひをふたごころなく信ずるをいふなり。「即」はすなはちといふ、ときをへず、日をへだてず、正定聚の位に定まるを「即生」といふなり。「生」はうまるといふ。これを「念即生」と申すなり。また「即」はつくといふ。つくといふは、位にかならずのぼるべき身といふなり。世俗のならひにも、国の王の位にのぼるをば即位といふ。…中略…これを東宮の位にゐるひとはかならず王の位につくがごとく、正定聚の位につくは東宮の位のごとし。王にのぼるは即位といふ。これはすなはち無上大涅槃にいたるを申すなり。信心のひとは正定聚にいたりて、かならず滅度に

いたると誓ひたまへるなり。(『一念多念文意』二、六七五)

⑥『大経』には、「願生彼国　即得往生　住不退転」とのたまへり。「願生彼国」は、かのくににむまれむとねがへとなり。「即得往生」は、信心をうればすなわち往生すといふ。すなわち往生すといふは不退転に住するをいふ。不退転に住すといふはすなわち正定聚のくらゐにさだまるとのたまふ御のりなり。これを即得往生とはまふすなり。「即」はすなわちといふ。すなわちといふは、ときをへず、日をへだてぬをいふなり。

(『唯信鈔文意』二、六九〇)

⑦大経往生といふは、如来選択の本願、不可思議の願海、これを他力とまふす(+なり)。これすなわち念仏往生の願因によりて、必至滅度の願果をうるなり。現生に正定聚のくらゐに住して、かならず真実報土にいたる。これは阿弥陀如来の往相廻向の真因なるがゆへに、無上涅槃のさとりをひらく。これを『大経』の宗(+致)とす。このゆへに大経往生とまふす、また難思議往生とまふすなり。(『三経往生文類』略本、二、五七七　※(　)内は広本)

これらの文の中で①③④⑥のものは本願成就文の「即得往生」に関するものであり、②⑤もその理解を下敷きとして、善導の引用にみえる「生」および「往生」という言葉を釈したものといえよう。また⑦は少し特殊であり、この文章をもって親鸞の語る「難思議往生」とは現生における信仰生活を意味するとする理解である。

ところで、これらの文によって立論するB・C説について、一点だけ指摘しておきたい。親鸞には、明らかに臨終の往生を意味する文が多く存在する一方で、現生での往生を意味するとされるものは、ほぼ上記のものに限られる。しかもこれらの文は、現生の往生としか読めない文章ではない。A説の論者達は、この釈例は「親鸞が、成就文における〈即得往生〉とは現生正定聚の事態を意味するのであると釈したもの」であると説明する。つまりA説の論者は、親鸞の往生に関する釈例すべてを一貫して臨終で理解することが可能だということになる。

一方で、B説の論者は親鸞の、明らかに臨終の往生を意味する文をどう扱うのだろうか。その部分を明確にしつつ、親鸞のいう往生を現生往生へと収斂させていく何かしらの論理を構築しない限り、少なくとも「親鸞の往生観」としてBの学説が成り立たないことは明白であろう。

そしてB説での立論が困難である場合、現生での往生を主張しようとするならば、C説に立つより他に方法は無い。そうなると、なぜ親鸞は臨終の往生と現生の往生との二種類の往生を立てる必要があったのか。またそれら二種類の往生は、「難思議往生」という名の下に、どういった関係にあるのか。更にはその現生の往生とは、「往生」という以上は、浄土へ往き生まれることを言うのか等の諸点について、説明する必要があろうと考える。しかし、はたしてこうした点を明らかにした論考があるのであろうか。

三、B・C説の論者の問題意識

ところで、B・C説に立つ論者は、A説の論者が「獲信」や「現生正定聚」と表現する事態について、それを「往生である」と表現しようとするのであるが、なぜであろうか。現生往生を主張する論者の見解を見てゆくと、類似したある共通の問題意識を持っていることがわかる。その点を抽出するために以下、B・C説に立脚する論考を列挙していきたい。

○上田義文「親鸞の往生の思想について」（『恵谷先生古希記念　浄土教の思想と文化』、一九七二、仏教大学）

正定聚の位につき定まることを往生をうると呼ぶことができるのは、正定聚の位につき定まることは、信心決定することであり、それは「弥陀智願の広海に帰入」することであり、そのことは生死を超えた無量光明（無限の智慧）の世界に入ることにほかならぬからである。親鸞の場合、「往生」ということのもっとも本質的要素は生死を超え出るということであって、「肉体の死」（死後）とか「未来」とかいうことは、往生ということにとって必ずしも本質的な要素でないことは、右に述べたように、信心決定しなければ、死後でも、また未来でも、輪廻の生に外ならぬということによってしることができる。往生にとって欠くことのできない要素は、生死を出るということである。

○信楽峻麿「親鸞における現世往生の思想」（『龍谷大学論集』第四三〇号、一九八七）

・親鸞が、かかる現世往生を主張した根本的な理由は、何よりもまず、親鸞自身における信心理解に基づくものであったことを思うべきであろう。…中略…親鸞において信心を獲得するということは、まことの明知をえ、真実に出遇うということにおいて、この身は世俗、娑婆のただ中に住みながらも、またそのままですでに、世俗を超えたところの出世に居して生きているということでもあるわけである。…中略…親鸞は第十八願成就文の「即得往生」の文に依拠して、信心の利益として現世今生における往生を語ったが、親鸞はまた、浄土教の伝統にしたがって、来世死後における彼土往生も説くわけである。…中略…親鸞における往生の理解には、このように現世と来世の二種の往生があったとしても、その中核となるものは現世往生であって、現世今生においてすでに浄土に居し、往生をえておればこそ、来世死後においても、たしかに彼土往生をとげることができるわけである。

○曽我量深（『往生と成仏』、一九六七、法蔵館）

・ところで親鸞聖人のお言葉の中にもややもするとはっきりしないものがあると思います。けれども明瞭になっていることは生死を出づるということであります。生死を出づるということは、親鸞聖人にあっては現益である。当益ではなくて現益である。…中略…阿弥陀如来の本願は現生において往生の道を開いた。いのち終る時に往生するならば何の本願であるか。そんな本願は意味がない。本願真実とは何ぞや。一切衆生、どのような罪悪深重の我ら如き者でも成仏できる。成仏のために往生の道をおたてなされたのが、すなわち阿弥陀如来の本願の意義であります。かくの如く考えるならば、往生は未来ではなく、現在である。これは間違いないのであります。（三〇頁）

・いつ死んでも往生は間違いないというが、いつまで生きても往生間違いないのであります。百まで生きようが、千まで生きようが、往生は確実、確実に往生生活をしておる。これが大無量寿経のおみ法、親鸞聖人の『教行信証』のおみ法であります。生命終わってから往生することもあるが、何の証拠もない。お助け間違いないといっているのは、助かるだろうという信心であって、「だろう信心」は本当の信心ではないのであります。助かっておるという現在の事実でなければならぬのです。（三六頁）

・浄土宗の多くの人は「生死を離れる」ということを、命終わっての時のことだと一般に考えられておるのではないかと思います。とにかく親鸞聖人は「生死を離れる」ということは、信心決定の時に生死を解脱すると、『教行信証』の「信巻」に書いておられます。無上涅槃をさとることは現生においてはできない。それができるというならば、一益法門の異義、邪義というものでありましょう。生死を離れるということは無上涅槃と区別すべきものであります。真実信心を得るときに生死を解脱する。（五四頁）

○寺川俊昭（7）「曽我量深師はこう語った　三」（『大法輪』二〇〇七・二、大法輪閣）

・浄土というと、遠い西の彼方にあって、死後そこに生まれていく世界であると考えるのが、一般に漠然ともたれている理解であり、いわば通俗的理解である。それに対して曽我先生は断乎として、浄土は信心を獲得したとき、その信心に開かれてくる世界であると喝破している。信心は、そこに浄土を感得し体験している自覚である。一見、奇矯に聞こえるこの見解は、実は曽我先生の独断的な了解ではなくて、親鸞聖人の独創的な浄土の了解をよく継承した見解であることに、私は十分の注意を払いたい。

・浄土は、穢土である「この世」に生きて穢土の厳しさに、この世の無残さに責められてきたものが切実にそこに在りたいと願う安らぎの世界である。この世に生きる悲しみに泣いた者が、切実に求める大悲の世界である。けれどもこの世は穢土であるから、その浄土に生まれることは、この世の命の終わった彼方、死後に期待するほかはない。これが親鸞聖人以前からの、そして現在も幅広くもたれている浄土の理解であり、また往生の理解である。

親鸞聖人はこのような浄土理解を徹底的に反省し批判した。そしてそのような浄土を求める心を「浄土を欣慕する」（8）つまり浄土を思慕する心であると批判したのである。それは切実であるけれども、一つの希望の表明であって、十分な意味で仏道の自覚といえるであろうか、と。

・この反省にたって、親鸞聖人が「真実教」と仰いだ『大無量寿経』の教えからあらためて学び取った、むしろ大きく眼を開いたのが、信心は浄土を体験する心であるという画期的な浄土理解であったのである。

親鸞聖人のいう信心とは、端的には「よき人の仰せ（真実教）」に遇うた感動である。その感動は同時に、長い間その中にあって手探りで生き、苦しみ、途方に暮れる思いに身を責められてきた人生の闇（無明の闇）が一挙に破られて、広やかな光に世界に目覚めたという、尽きせぬ喜びである。これが聖人のいう信心の、具体的な体験そのものであることに留意したいと思う。そしてそこに体験される広やかな光の世界を、親鸞聖人は『大無量寿経』によって「無量光明土」（無限の光の世界）と承知し、これこそが「真実の浄土」であると、はっきりと自覚していったのである。

○寺川俊昭「曽我量深師はこう語った　四」（『大法輪』二〇〇七・三、同）

・往生を語る曽我先生は、言葉をあらためて「正定聚」を語っている。実はこのように「正定聚」をもって「往生」を語ることこそ、親鸞聖人が尋ね当てた独自の往生理解なのである。

さて、これらの論考に共通する問題意識として指摘したいのは、「親鸞思想において、生死を超えるのはいつなのか」という問いが根源にあるということである。

まず上田氏は、信心決定を「生死を超えた無量光明（無限の智慧）の世界に入ることにほかならぬ」と述べ、「往生にとって欠くことのできない要素は、生死を出るということである」という。

次に信楽氏は信心獲得を「世俗、娑婆のただ中に住みながらも、またそのままですでに、世俗を超えたところの出世に居して生きているということ」と述べる。

さらに曽我氏は「生死を出づるということは、親鸞聖人にあっては現益である」と述べ、「阿弥陀如来の本願は現生において往生の道を開いた。いのち終る時に往生するならば何の本願であるか。そんな本願は意味がない」とまで言い切っている。

最後に寺川氏は「この世に生きる悲しみに泣いた者」にとって臨終の往生説は「死後に期待するほかはない」というあり方であり、親鸞は獲信において「〈無量光明土〉（無限の光の世界）と承知し、これこそが〈真実の浄土〉であると、はっきりと自覚」したのだという。

これらの理解はいずれも、何らかの形で「獲信」の体験と、「生死を出づる」という体験（往生）とを結びつけて論証しようとしている。すなわち獲信によって「生死を出づる」から「往生」と言い得るのだという論理展開であろう。

一方で、従来のA説に対する彼らの不審は、たとえば曽我氏のいう「お助け間違いないといっているのは、助かるだろうという信心であって、〈だろう信心〉は本当の信心ではないのであります。助かっておるという現在の事実でなければならぬのです」という部分に集約されるのではないだろうか。つまり往生を臨終時でとらえる信心というのは、「何の証拠もない」助かるだろうという「だろう信心」であり、本当の救いとは、現在の事実でなければならないというのであろう。

筆者はこの問題意識に関してはおおむね賛同する者である。しかしそこにはA説に対する大きな誤解があることも指摘しておかなければならない。つまり彼らは、「A説とは臨終の往生を主張するのだから、臨終まで救いはない」というのであろうが、果たしてそうであろうか。換言すればA説の論者がいう親鸞の宗教とは、「往生しなければ救われない」というものであっただろうか。

そこで、しばらく親鸞にとっての救いとはどのような事態であったか、共によろこびをあらわした「歓喜」と「慶喜」という言葉に関する親鸞の釈例に注目してみたい。まず『一念多念文意』には、

「歓喜」といふは、「歓」はみをよろこばしむるなり、「喜」はこゝろによろこばしむるなり。うべきことをえてむずとかねてさきよりよろこぶこころなり。（二、六六二）

との言葉があり、『一念多念文意』の他の箇所には、

「歓喜踊躍乃至一念」といふは、「歓喜」はうべきことをえてんずと、さきだちてかねてよろこぶこころなり。「踊」は天にをどるといふ、「躍」は地にをどるといふ。よろこぶこころのきはまりなきかたちなり。慶楽するありさまをあらはすなり。慶はうべきことをえてのちによろこぶこころなり、楽はたのしむこころなり。これは正定聚の位をうるかたちをあらはすなり。（二、六六八）

とある。更に『尊像真像銘文』には

「一念喜愛心」は一念慶喜の真実信心よくひらけ、かならず本願の実報土に生るとしるべし。慶喜といふは、信をえてのちよろこぶこころをいふなり。（二、六五二）

とあり、『唯信鈔文意』には

慶喜するひとは諸仏とひとしきひととなづく。慶はよろこぶといふ、信心をえてのちによろこぶなり。喜はこころのうちによろこぶこころたえずしてつねなるをいふ。うべきことをえてのちに、身にもこころにもよろこぶこころなり。信心をえたるひとをば、「分陀利華」とのたまへり。（二、七〇八）

とある。これらの釈例からすれば、親鸞は「歓喜」と「慶喜」の明かし方を区別していることが分かる。すなわち

「歓喜」とは「うべきことをえてむずとかねてさきよりよろこぶこころなり」とあるように、得ることに間違いない浄土往生を、往生に先立ってよろこぶという意味であろう。一方で「慶喜」という場合は、「信をえてのちによろこぶこころ」、あるいは「うべきことをえてのちに身にもこころにもよろこぶこころ」とあるように、すでに身の上に実現していることをよろこんでいるということになる。この点について梯實圓氏は、

救いという言葉で言いますと、「歓喜」は救われるに違いないとよろこぶ心になります。間違いなく救われると先だってよろこぶという意味になります。これが「歓喜」という言葉です。それから「慶喜」というのは、すでに救われたとよろこんでいる状態を表します。すでに実現している救いをよろこぶときは「慶喜」という言葉を用いると言われるのです。この二つの喜びを頂戴していることが、阿弥陀さまのお救いにあずかった姿だと、親鸞聖人は味わっていらっしゃいます。(9)

と述べているように、親鸞における「救い」とは、行信の回向によって恵まれた現生の正定聚と臨終の往生との必然的関係性の中で、共に語られる「よろこび」であり「救い」であると理解している。またその点について、村上速水氏が

・煩悩具足の凡夫であるということとは、現実が充たされていないということとは別である。現実のむなしさを充たしたものは大悲大願のたのもしさであって、未来の往生成仏への憧憬ではない。すなわち親鸞においては、未来の往生が約束されたために、「今」が正定聚としてよろこばれるのではなく、「今」正定聚に住するのであるから、未来の往生は必然なのである。(10)

と述べ、あるいは

・如来と浄土とは、具体的には一名号となって衆生に廻向せられる。故に時間を超えた常住真実なる如来と浄土とが、時間の中にある我々と交わる接点は、名号を聞信する「今」をおいて外にはない。信の一念に常住なる本願海に帰入するのであり、このときこそ、われわれの救済が成立する唯一の機会である。

と述べる通りである。決してA説に立脚するからといって、その信心が曽我氏の言うような「だろう信心」というわけではない。親鸞における救いが成立するのは、万人へ回向される本願力の行法が、個人へ内在化する時、すなわち獲信にこそあるのであり、その確かさ故に、臨終の往生が揺るぎない未来として存在しているのである。それは村上氏が述べるように、親鸞における救済とは名号を聞信する、いつも「今」として存在するのであり、それ以外のどこか未来にあるわけではない。曽我氏がいう「だろう信心」や、寺川氏がA説の内容として語る信心は、親鸞思想においては要真二門の自力信心に位置づけられるものであり[11]、実態的には臨終来迎の有無によって、往生の可否を決定づけていくような臨終業成説として位置づけられるべき信である。これをA説の立場と位置づけ、現生往生という自説を立てようというのは、手続き的な不備もさることながら、余りにもA説に対する無理解が過ぎると言わざるを得ないのではないだろうか。[12]

ま と め

以上、親鸞の往生観に関する諸見解について、A・B・Cの三説に分類して論じた。またその中で、特にB・C説に立つ諸見解には「親鸞思想において生死を出づるのはいつか」という問題意識が通底しているのではないかと指摘した。

確かに親鸞の救いというのは、「爰愚禿釈親鸞、慶哉、西蕃・月支聖典、東夏・日域師釈、難遇今得遇、難聞已得聞」とあるのに代表されるように、「今」を離して論じるべきものではない。この点に関しては、A・B・Cの三説に共通する問題意識であると言い得る。しかし、B・C説の論者の中にみられる、獲信をもって生死を出づる故に往生と言い得るという論理については、やはり違和感を感じる。親鸞思想において論じられる「生死を出づる」という言葉の意味する内容とは、やはり出世間（解脱）であり、大般涅槃の悟りを得ることであろうと考えるからである。

親鸞は、獲信の瞬間に、この身のままで現生に正定聚となるという思想を明らかにしたが、一方で、臨終の一念に至るまで煩悩具足の凡夫として生き続けるという面を、決して離してはいないことは周知のことであり、それが親鸞の基本的スタンスである。『一念多念文意』には

「凡夫」といふは、無明煩悩われらが身にみちみちて、欲もおほく、いかり、はらだち、そねみ、ねたむこころおほくひまなくして、臨終の一念にいたるまで、とどまらず、きえず、たえずと、水火二河のたとへにあらはれたり。かかるあさましきわれら、願力の白道を一分二分やうやうづつあゆみゆけば、無礙光仏のひかりの御こころにをさめとりたまふがゆゑに、かならず安楽浄土へいたれば、弥陀如来とおなじく、かの正覚の華に化生して大般涅槃のさとりをひらかしむるをむねとせしむべしとなり。

という有名な言葉があるが、白道が渡してあるのはあくまで貪愛・瞋憎の水火二河の中であり、水火二河とは、取りも直さず「生死海」である。親鸞が見いだし生涯よろこんだのは、師の法然との出会いによって明らかとなった、

凡夫である自分にとっての「生死出づべき道」であり、またその道を歩んでいるというよろこびであって、決して「すでに生死を出た」あるいは「涅槃を得た」という実感ではなかったと考えるのである。

最後に述べておきたい。現在蓄積されているB・C説の論者の研究成果を見ていると、現生往生に関する言説はたいへん雄弁であるのに対して、親鸞の著作上に存在する、A説の往生としか読めない文章の扱いに関する説明が不足しているという感が否めない。それを親鸞思想として主張するのなら、ここは不可避の問題であり、方法論の問題では片付けられまい。現にA説の論者の批判は今でも少なからずそこに向かっているし、一方でB・C説の論者が根拠として用いる親鸞の釈例は、A説の論者は相当な蓄積をもって克服している。このB・C説については、本願寺派からのみならず、近年では大谷派に属する小谷信千代氏（大谷大学名誉教授）によって『真宗の往生論—親鸞は「現世往生」を説いたのか—』（法蔵館、二〇一五）が上梓され、大変に注目を集めている。従来の批判と合わせて、現生往生説は学説としてこれらをどう克服するのか、その動向が注視されている状態にあると言えよう。

註

（1）『選択本願念仏集』二門章（『浄土真宗聖典—註釈版七祖篇—』、一一九一頁）

（2）特に断らない限り、（　）は引用元である『浄土真宗聖典全書』の巻数と頁数である。

（3）内藤知康氏のこの問題に関する論考は、「宗祖の往生観」（『真宗研究』第三八輯）、「親鸞聖人における往生」（『真宗研究』第四五輯）、「親鸞の和語聖教に於ける本願成就文釈—特に「即得往生」の解釈について—」（『真宗学』第九七・九八合併号）、「現生往生説の検討—上田義文博士の「親鸞の往生思想」について—」（『真宗学』第一一五号）等が代表的である。また氏がこの問題に関して論じた嚆矢は、一九八九年に出版された『岩波仏教辞典』（岩波書店）における「教行信証」と「親鸞」の項目に関する誤記を指摘した「宗祖教義における往生と成仏—

『岩波仏教辞典』の記述を縁として―」（『中央仏教学院紀要』第七号）であるようだが、氏はその後、当時学界で賛否両論に分かれていた上田説のみならず、寺川説にも反論しており、現在におけるA説の代表的な論者として位置づけることができよう。また二〇一五年には、大谷大学の小谷信千代氏によって『真宗の往生論―親鸞は「現世往生」を説いたのか―』が刊行され、注目を集めている。

（4）以下、引用における傍線は、理解の便のため、すべて引用者である筆者が施したものである。

（5）ちなみにこの往生理解に関して、一般的な傾向として本願寺派系統がA説(3)、大谷派系統がB・C説と言われることがある。しかしたとえば金子大栄氏はA説の立場に立っており、信楽峻麿氏はC説に立っており、必ずしも有効な分類基準となっていない面も存する。

（6）山本仏骨「親鸞聖人の往生思想」（『真宗学』第四一・四二合併号）、嬰木義彦「親鸞聖人における「即得往生」の思想―用語の使用法からみた考察―」（『龍谷大学仏教文化研究所紀要』第一二集）、および註の(2)で取り上げた内藤氏の論文が代表的であろう。

（7）寺川俊昭氏の親鸞の往生理解に関する論考は多い。本論で取り上げたものは氏の『大乗』における連載であり、また曽我氏に関するものでもあって、純粋な学術論文にはカテゴライズされないかもしれない。ではなぜこれを取り上げたかというと、内容的に氏の往生に関する理解が十分にうかがえるものであると共に、現段階で、氏の最も新しい論考であり、ある意味では結論的な位置づけが可能であると考えたためである。

（8）「化身土文類」「欣慕浄土善根」（二、一八七）、『三経往生文類』「万善諸行の自善を廻向して浄土を欣慕せしむるなり」（二、五八七）など。

（9）梯實圓「浄土真宗のすくい」（『親鸞聖人の信心と念仏』所収、自照社出版、二〇〇七）

（10）村上速水「親鸞のよろこび」（『続親鸞教義の研究』所収、永田文昌堂）

（11）しかしA説に立つ論者の中に、曽我氏が指摘する「だろう信心」に近い表現があったことは事実である。そしてそのようなあり方に疑問を呈した論考が、先掲した村上速水「親鸞のよろこび」である。この論文の問題意識は、まさにその一点にある。

（12）ややもすると、A説に立脚するものの中に、このような臨終業成説のごとき信が語られることも確かにある。し親鸞がよろこび、また明らかにした本願力回向の法とは、そういう救いを説くものではないということである。しかしそれは本論中でたびたび述べたように、A説に対する誤解、無理解としか言いようがなく、

真宗学の方法論についての考察

──親鸞の往生観理解の相違を機縁として──

稲田英真

一、はじめに

「浄土真宗」とは、親鸞によってあきらかにされた阿弥陀仏の本願力による救済教であり、それはまた、親鸞自身が歩んだ成仏道であった。その「浄土真宗」に帰依するということは、親鸞を宗祖とする特定の教団に所属するか否かに関わらず、親鸞が歩んだ「浄土真宗」を自分自身の成仏道として歩み、人生の拠り処とすることに他ならない。

真宗学とは、親鸞があきらかにした浄土真宗がいかなるものであるかを探求する学問である。その学術研究の対象となる浄土真宗とは、親鸞が示した阿弥陀仏の救済体系であるとともに、それは浄土真宗に帰依する者にとっては自分自身が歩みつつある成仏道でもある。したがって浄土真宗を探求するということは、自身の主体的姿勢、すなわち浄土真宗が、自分自身の直面する人生の苦悩といかに関わるのかという問題意識に基づくべきものである。

しかしながらその一方では、自身の主体的理解を主張する場合においても、客観的姿勢に基づいた根拠が提示されなければならない。真宗学における浄土真宗の探求は、自身の主体的姿勢に基づくべきものではあるが、それが学問である以上、他者を納得させうる客観的姿勢に基づいた根拠を示すことが求められるのである。この主体性と客観性との関係について、主体性のない主張は、自身の成仏道たる浄土真宗の本旨から逸脱した机上の空論であるといえよう。それに対し、客観性のない主張は、論者の独りよがりであって学問としての体をなしたものとはみなされえず、他者に受け入れられることはないだろう。

近年、親鸞の往生観について、従来の説とは異なった新たな見解が提示されている。従来の説とは、親鸞の説いた「往生」とは、命終時における事態とする説（A説）であるが、これに対する新たな見解とは、親鸞の説いた「往生」とは現生における事態とする説（B説）、現生と臨終時それぞれに往生という事態があるとする説（C説）である。このA説・B説・C説というあきらかに立場を異にする見解は、真宗学の研究者による学術研究の成果として、あるいは、伝道者たる僧侶による布教の現場において、それぞれに主張されているのである。

このような親鸞の往生観に関する諸説について、筆者はA説を支持する立場にあるが、本稿の目的は、浄土真宗を学術研究の対象とするという立場に軸足を置きつつ、親鸞の思想を論じていくべき方法論について、筆者の見解を述べようとするものである。

二、真宗学について

浄土真宗の救いにおいて、学問の有無は問題にならない。にもかかわらず、我々は浄土真宗を学問の対象とし、ときに自説を他者へと主張するのであるが、それにはおよそ以下の目的・理由があると考えることができる。

・「浄土真宗＝論者自身の成仏道」の探求（＝「浄土真宗」に関する他者の学説への不満）

・「浄土真宗＝論者自身の成仏道」の正当性の確認（＝立場を異にした他者からの批判に応える）

まず前者について、論者が自身の主体的姿勢にもとづいて「自身の成仏道」を探求すること自体には、必ずしも他者（他説）を想定する必要があるとは限らない。しかし、論者が「自身の成仏道」を探求し、その結果としての自説を他者へ主張するということは、その必然として、自説とは異なる見解をもつ他者（他説）の存在が想定されているというべきであろう。なぜならば、自説と異なる見解をもつ他者（他説）がなければ、そもそも他者へ自説を主張する必要がないからである。ともあれ、学問の場で何らかの問題について、自説が正しく、他説は間違っているということを主張しようとする場合には、他者を納得させうる、客観的な論理を提示しなければならない。客観的根拠をともなわない主張が独善であるということは先にも述べたが、それはまた、見解を異にする他者へ自説を主張するということの意味自体を否定し、放棄していることにもなるのである。

後者についても、前者と同様、そもそも自説の正当性は主体的姿勢のみにより確認することなどできるはずがない。それができるのは自ら真理を悟った仏のみである、というのが仏教徒の姿勢であろう。そのような意味においては、仏ではない者が自分自身の主体的見解に基づいて、他者の主体的見解に対して甲乙を付けることは、究極的には不可能であるのかもしれない。しかしながら、他者と対話・議論をすること、すなわち自説の立場を他者へと伝えようとすること、あるいは逆に、見解を異にした他者の立場を理解しようとすることによってこそ、他者の説を受け入れ、あるいは自説が他者に受け入れられる可能性が生じるのであり、また、その対話・議論という営みにおいて、「浄土真宗＝論者自身の成仏道」の正当性が確認されてゆくのではないかと考えるのである。そして、見解を異にする他者と対話・議論をするためには、共通の土俵がなければならないが、その共通の土俵を見出そうとすることこそが、客観的姿勢なのではないかと考える。

真宗学とは、親鸞の説いた浄土真宗を主観的姿勢に基づいて探求し、それに客観的・論理的整合性をもたせることにより、他者と対話して共有しようとする営みである、と筆者は考える。そしてまた、このような主体的姿勢と客観的姿勢が相俟ってあきらかにされた浄土真宗を、布教伝道の現場において、人々に伝えていかねばならないとも考えるのである。

三、真宗学の諸分野とそれぞれの関係について

現在、真宗学は様々な分野において研究が進められている。親鸞の往生観に関する諸説について論ずる前に、まずは真宗学の諸分野について概観し、それぞれの関係について言及しておきたい。

①浄土教理史

浄土教あるいは仏教の伝統（親鸞の思想背景となった経論釈に説かれる思想）を対象とする研究。

②真宗教義学

親鸞の著述に示された真宗教義を対象とする研究。

③真宗教学史

親鸞の教義に対する解釈の歴史を対象とする研究。

④史資料に関する研究（書誌学）

①～③を伝える史資料そのものを対象とする研究。

⑤真宗史

宗祖親鸞の生涯と後に形成された真宗教団の歴史に関する研究。

⑥真宗伝道学

真宗教義を他者へと伝えることに関する研究。

いま示した①～⑥の諸分野それぞれの関係について述べるならば、まず、親鸞に至るまでの浄土教あるいは仏教の伝統（①）と親鸞の著述に示された真宗教義（②）とを比較することにより、親鸞教義の独自性があきらかとなるといえる。今日親鸞が浄土真宗の宗祖と位置づけられているのは、親鸞以降の先人たちによる親鸞教義の解釈の歴史（③）により、従来とは異なる親鸞の独自の教義があきらかになったことによるものである。

また、親鸞の著述に示された真宗教義そのもの（②）に対する解釈の歴史（③）は、現代の我々が真宗教義の意義を探求する上で参考にすべき先行研究であり、親鸞を宗祖とする教団の形成とその後の歴史に関する研究（⑤）と相俟って、先人たちがそれぞれの時代の諸問題に向き合いながら、真宗教義を他者へ伝えようとした姿勢があきらかになるのである。これは現代の我々が真宗教義を伝道する（⑥）上で、大いに参考とすべきものであるといえよう。なお、真宗学に関する史資料そのものに対する研究（④）は、その他の分野（①〜③、⑤、⑥）における研究の基礎となるべきものである。新しい史資料の発見や真作・偽作の判定など、この分野の研究の進展は、他分野の研究の根底に影響を及ぼすものである。

以上の諸分野において研究が進められているのが現在の真宗学であるが、浄土真宗を学問の対象とするということについては、前項に述べたとおりである。すなわち、真宗学の目的は、真宗教義（②）の意義をあきらかにし、それを他者へと伝えること（⑥）にあると、筆者は考える。そして、①③④の諸分野は②を明らかにするための手段であり、そのようにして②をあきらかにしようとする現代の我々の営みと、それにもとづいた⑥とは、後世の研究者によって③（あるいは⑤）として位置づけられ、評価されることになるとも考えることができる。布教伝道の現場において、その手法が必ずしも学問的・論理的である必要はないかもしれない。しかしながら、伝道する内容が②に基づいたものであるかどうかということの検証は常に必要であるといえる。

四、親鸞の往生観に関する諸説とそれぞれの課題について

・親鸞の往生観を論じるにあたって

近年の親鸞の往生観に関する諸説（A説：命終往生、B説：現生往生、C説：命終・現生往生説）について、諸説それぞれの論者が、例えば「〝善導の〟往生観」や「〝蓮如の〟往生観」でもなく、また「〝論者自身の〟往生観」でもない、「〝親鸞の〟往生観」を問題にしているのであるならば、それは、先述した真宗学の諸分野のなか、主として②の分野において論じられるべき問題であろう。そして、②の分野において「〝親鸞の〟往生観」を論じるのであるから、A説・B説・C説のいずれにおいても〝親鸞の〟著述に示された「往生」に関する記述が根拠とされるのであり、実際、それぞれの論者は、親鸞の著作の文言を示しつつ、自説を展開するのである。(1)

筆者が支持するのはA説であるが、以下、筆者なりの客観的視点を保ちつつ、B説・C説それぞれの意義と課題について述べ、さらにはA説に対しても、その意義と課題について述べてみたい。

・現生往生説（B説）とその課題

B説は、「親鸞は現生における往生を説いた」とする立場である。この説の立場に立つ場合、前項において述べた①と②との関係性からすると、その現生往生説は、往生とは命終時の事態であるとする仏教従来の往生観とは完全に異なる説であり、親鸞教義の独自性として位置づけられることになる。

しかしながら、親鸞の著述全般を見渡すとき、あきらかに命終往生（A説）を語っている箇所があることは事実である。B説論者は、親鸞が命終往生を語る箇所をいかに理解するのか、何らかの見解を示さねばならないが、この点についての合理的な見解は、管見の限り皆無である。親鸞の著作において命終往生を語る箇所を無視するのであるならば、親鸞の著作でありながら無視することの理由について言及すべきである。親鸞の著述の一部分のみを採りあげて、それをもって「〃親鸞の〃往生観」とするB説が、客観的な根拠を有した説であるとは、現状として到底認めることができない。

・命終・現生往生説（C説）とその課題

C説は、親鸞の著述全般において、命終往生を語る部分と、現生往生を語る部分とがあるとするものである。この説もまた、命終往生に限る仏教従来の往生観とは異なるものであり、現生往生を語る部分があるという点において、それは親鸞教義の独自性として位置づけられることになる。

しかし、親鸞の往生観に二義があるとするならば、親鸞における往生の二義の関係性を明示する必要があるといえよう。親鸞において、往生の二義は同時に存在したとするのであれば、それはいかに矛盾なく成立しうるのか、あるいは親鸞の人生において、往生観が変化したとするのであれば、なぜ変化したのか等々、親鸞の著述全般を見渡した上で二義の関係性を明示することができなければ、それが客観的な根拠を有した説であるとはいえないだろう。

・命終往生説（A説）とその課題

A説とは、仏教従来の往生観と親鸞の往生観とは異なるものではないとする説である。したがって、仏教従来の往生観に対し、ことさらに「親鸞が命終往生を説いた」と主張する必要性はないわけであるが、近年その必要性が生じたのはB説・C説が惹起したためであるといえよう。すなわちB説・C説を否定しようとするのがA説の立場である。A説の論者は、B説・C説が現生往生説の根拠とする親鸞の著述の文言について、それが「現生往生ともみなされかねない文言」であることは認めるものの、その文言が命終往生説と矛盾するものではないと解釈する。すなわち、親鸞の著述全般を見渡したとき、「現生往生ともみなされかねない文言」は、現生往生を説いているのではなく、「当来に往生成仏することが現生において決定した（＝現生正定聚）」という事態を示したものであるとし、親鸞の往生観は仏教従来の往生観と異なるものではないとするのである。

A説においては、自説において不利な要素である「現生往生ともみなされかねない文言」についても言及がなされ、それが命終往生説と矛盾なく説明されている。それは親鸞の著作の一部分のみを採り上げるのではなく、親鸞の著作全般にわたる用例と内容をも含めた上での検討結果であるといえよう。「〝親鸞の〟思想」を論じるにあたり、「〝親鸞の〟著作全般」を視野に入れるという、きわめてあたりまえの方法に基づくことにより導き出されるのがA説である。したがって筆者はA説を支持するのであるが、あえて課題を挙げるとするならば、なぜB説・C説が生じるのかという要因について考えるべきである。B説・C説を主張する論者の問題意識を察するに、親鸞の教義の「現世における救い」を強調しようとしたものと窺うことができる。むろんA説がそれを軽視したものではなく、現生正定聚として明確に主張されているのであるが、B・C説論者にとっては、それが消極的と映るのかもしれない。

〝親鸞の〟往生観に関する諸説について、A説・B説・C説の論者は、いずれも親鸞の著述における「往生」に関する記述をもとに、自説を主張する。しかしながら、諸説の中、客観的な論理的整合性が意識されつつ論じられているのは、現時点でA説のみであるといわねばならない。本論考における筆者の立場としては、B説・C説を成り立たせる客観的な論理がそれぞれの論者より提示されることを待つ他はなく、それらが提示されなければ、親鸞の往生観に関する諸説について、共通の土俵の上で対話・議論をすることはできないと考える。

五、親鸞とは誰のことか

真宗学の主たる目的は「親鸞」の思想とその意義をあきらかにすることにあるが、そもそも「親鸞」という人物の実在はいかに証明されるのか、あるいは「親鸞」の存在をいかに考えてゆくべきなのか。このような問題について、かつて惹起したのが「親鸞」の存在に関する論争である。[2] この論争に際して真宗学に求められたのが、これまで述べてきた客観的姿勢であるといえよう。

親鸞の存在について疑義を呈したのは村田勤氏（一八六六〈慶応二〉～一九二一〈大正一〇〉）である。村田氏は、その著書『史的批評・親鸞真伝』（明治二十九年刊）において、次のように述べている。

剰へ長く寺院内の篋底に蔵められし伝記書類、如何ぞ信を措くに足らんや、看よ真宗家が親鸞の正伝として、偏に推戴する彼の御伝鈔、嘆徳文、報恩講式の如きは、即ち此種の書類に属すべき事を、是第一の困難なり。（中略）彼に関する記録はことごとく彼の崇尊家（殊に彼の血族）の筆に成り、崇尊家の保護を受け、又彼を崇尊して其宗旨に帰依せしめんがために用ひられしものなり、公平に彼の真相を知るに困難なる所以実に茲に在り、是を第二とす。（中略）想ふに彼の人物をしてかく朦朧ならしめし所以は、後世の崇尊家が徒に彼の伝

説を神聖ならしめんと欲して、其人物に過度の潤飾を施せしに由る事ならん、是第三の困難なり。(3)

村田氏の主張は、親鸞に関する伝記・伝承は、いずれも真宗教団内部にのみ伝わる史料によるものであることから、そのような客観性を欠いた史料を根拠として語られてきた親鸞の行実に対し、強い疑義を呈したものであった。この村田氏の疑義に端を発し、その後、田中義成氏・八代国治氏によって親鸞を架空の人物とする親鸞抹殺論（親鸞非実在説）の談話が発表されるに至るのであるが、真宗教団内部の者にとって、それらの主張は思いもよらぬものであったことは想像に難くない。

すでに浄土真宗の信仰に生きる者にとって、宗祖親鸞の存在は、自身の信仰において証明されるのである。したがって従前の真宗教団内では親鸞の実在について議論されることなど皆無であった。しかしながら、親鸞非実在説の惹起により、真宗学において親鸞の実在ということの客観的な証明が求められることとなったのである。

辻善之助氏は、この親鸞非実在説に反駁した一人である。辻氏はその著書『親鸞聖人筆跡之研究』（大正九年発行）において

親鸞といふ人は当時の記録に一切見えたものがない。其の伝記と云ふものも後世に作られたものが多いのであつて、それで以て其の人の存在を証することは出来ない。其の筆跡と云ふものも確なものが無いから恐らくは架空の人であつたらう。後世、本願寺が盛大になつてから作り出したものであるだらう。これがまづ親鸞抹殺論の要点ともいふべきものであります。（中略）是に於て親鸞聖人が果して存在して居つた人であるかどうかといふ問題に就ては、先づ其筆跡の研究に於て其解決を求めなければならぬのであります。(4)

と述べる。そして、西本願寺蔵『論註』（加点本）の奥書(5)について、

この筆跡は頗る優秀のものでありまして、宋朝の風格を備へて、如何にも親鸞聖人の真筆らしく見え、最も疑問の余地の少ないもののやうに見えたのでありまして…(6)

と述べ、また、西本願寺蔵「六字名号」の署名について、(7)

これを浄土論註の奥書と対照して見ますと、双方とも同じ年に出来て居りますから全く同じ趣が見えるのでありますす。其筆の一致して居ると云ふことは何人と雖も異論なからうかと思ふのであります。(8)

と述べている。辻氏は『論註』(加点本)奥書と「六字名号」署名との筆跡を親鸞真筆と判定し、その筆跡と一致する「安城御影」讃文、『教行信証』(西本願寺本)、『教行信証』(専修寺本)、『教行信証』(坂東本)(9)等もまた親鸞真筆の史料と認定するのである。このように、辻氏は、親鸞直筆の史料の存在によって、親鸞の実在を証明しようとする視点を提示したのである。

この親鸞実在・非実在の問題は、大正十(一九二一)年、鷲尾教導氏によって『恵信尼文書』が発見され、その記述と従来の伝承とが概ね一致したことによって一応の終息をみることとなる。そのなか、親鸞の実在を、親鸞真筆史料の認定という書誌研究によって客観的に証明しようとした辻氏の視点は、大いに評価されるべきものであるといえる。しかしながらその後、辻氏の証明手法そのものの根本的な問題を指摘したのが重見一行氏である。『教行信証』「坂東本」の書誌研究の第一人者である重見氏は、その著書『教行信証の研究　その成立過程の文献学的考察』(昭和五六年発刊)の中、辻氏の所説を採り上げて、次のように批判している。

しかし、このような、「筆跡によって親鸞の実在を証明する」という方法自体に、実は次のような根本的問題が存したのである。

第一に、今日残されている「親鸞」なる記名をもった多くの古写本が、その記名の故に、そのまま「親鸞」の筆跡とは言えぬごとく、ある著書の著者「親鸞」と、その著書の「筆跡」が「真筆」として結びつけられるためには、別の、前提とされる証拠とされるべき、すでに確実に認められている「真筆」が別に発見されており、それとの比較対照において、当該書の「真筆」認定がなされなければならないのではないか。さも無ければ、筆跡以外の点に論拠をもとめなければ、「真筆」の認定は不可能なのではないか（後述もするごとく、別人が親鸞の著述を、親鸞の署名と共に、何等偽作、模倣の意なく自らの筆跡で、自然な気持ちで書写し、しかもその書写者そのものの署名等の識語を全く残していなかったと、したら、筆跡自体からどうして別人の筆と断定できるのか―かかる写本は宗の内外、今日いくらでも伝存している―）。第二に、真宗の祖としての実在の人物「親鸞」をはじめに措定しないでおいて、どうしてそのような実在の人物「親鸞」の「真筆」というような認定がなし得るのであろうか（「駝鳥」という鳥の実在性を前提にしないで、「これが駝鳥の卵である。だから駝鳥は実在するのである」と言ったとしたら、それは単なる言葉遊びであり、トオトロジーであるにすぎないであろう。換言すれば、いかなる記名の筆跡が発見されようとも、そのことと、記名の名をもった固有の人物が実在するかどうかは、何等かの媒体となる別の根拠がない限り、論理としては絶対に結び付かぬ（その故にこそ「デッチあげ」説も起ったはずである）。もし結びつくとしたら、その文書の筆跡以外の点に論拠を見出さなければならないのではないか。(10)

このような重見氏の辻氏に対する批判の要点は、親鸞真筆判定の基準、ならびに、その基準によって認定された真筆史料の実在によって親鸞実在を証明しようとした方法論そのものに対するものである。辻氏は、西本願寺蔵の

『論註』（加点本）奥書と「六字名号」署名の筆跡との両者をまず親鸞真筆と認定し、これらの筆跡と他の史料の筆跡とを対照することにより真筆か否かの判定をした。そして親鸞真筆と認定される史料の実在によって、親鸞実在を証明しようとしたのであるが、真筆判定の基準となる『論註』（加点本）と「六字名号」署名自体が親鸞真筆であるという根拠については、前者については「頗る優秀のものでありまして、宋朝の風格を備へて、如何にも親鸞聖人の真筆らしく見え」とし、後者については「浄土論註の奥書と対照して見ますと、双方とも同じ年に出来て居りますから全く同じ趣が見えるのであります」と述べるのみであった。人物の筆跡を特定し、同異を判定するということにおいては、筆跡鑑定の専門家の主観による面が多く、専門家以外をも納得させうる客観的な根拠を提示することは困難であるといえよう。しかしながら、そのような面を差し措いたとしても、辻氏の所説は、鎌倉時代に「親鸞」と署名した人物の実在を証明することはできたとしても、実は、親鸞の著作とされてきた史料が「親鸞」という名前に仮託した他の人物によるものとする親鸞非実在説を否定する根拠とはなりえていなかったのである。

『論註』（加点本）奥書と「六字名号」署名との両者の筆跡は、現在の書誌学的見地においても親鸞真筆と認定されており、両者が親鸞真筆であるとした辻氏の所説は結果的には誤りではない。そして辻氏を批判する重見氏も親鸞の実在を否定してはいない。しかしながら重見氏が問題にしたのは、「親鸞」という人物をいかに定義づけるか、すなわち「親鸞」というアイデンティティーをいかに見るかということにあったのである。重見氏は次のようにも述べている。

これ等を要するに、坂東本は、その著者が自己の著述として悩み、改訂していた跡を歴然と残しているものと考えられる。かかる状況を、一写本の書写者がなさねばならぬ理由もなく、単なる「偽書」として製作せんとしてなし得る程度を越えており、そのような程度において、著述としての〝自然さ〟を保持しているのが坂東本なのである。（中略）坂東本は、その選号（選述者記名）の通り、「愚禿釈親鸞」と名のる人物によって製作された「真筆」の著作物と認定できるのである。(11)

重見氏は、著者自身が文章を推敲しつつ改訂を重ねた痕跡を残していているのが『教行信証』「坂東本」であり、その著述は「親鸞」と名乗る人物によって著されたものであるとする。すなわち、何者かが〝親鸞〟という名に仮託して『教行信証』「坂東本」を著述した、のではなく、『教行信証』「坂東本」を著述した本人が、自らの名を〝親鸞〟と名乗っている、ということである。この重見氏の所論に基づくならば、浄土真宗（往還二回向を骨子とする阿弥陀仏の救済体系）が説き示されている『教行信証』「坂東本」を著した人物こそが、〝親鸞〟なのである。

したがって、親鸞非実在説に対しては、『教行信証』「坂東本」が存在しているということが親鸞実在の客観的証明となるのである。そして、『教行信証』「坂東本」の筆跡と、その筆跡によって示された二回向四法の法義こそが、親鸞の著作として伝わる他の史料に対し、親鸞著としての真偽を判定する唯一の基準となるのである。

親鸞と『教行信証』とは一体である。なぜならば『教行信証』が存在しなければ、親鸞も存在しないことになるからである。また、親鸞の『教行信証』とその他の著述とは切り離して考えることもできない。他の著述が親鸞著として認定されうるのは、『教行信証』の存在によるからである。

したがって、真宗学において〝親鸞の〟思想を論じるということは、その必然として『教行信証』を中心とした親鸞の著作全般が、議論のための共通の土俵とならざるをえないのである。いずれの説を主張するにせよ、『教行信証』を無視し、あるいは『教行信証』以外の一部の著作の一部の記述のみを採り上げて、それを〝親鸞〟思想として論じることなどあってはならないのである。仮に、『教行信証』の内容とその他の著述（例えば『一念多念文意』など）の内容とが異なるとの見解を主張することがあったにしても、最低限、両者の関係を示すことが必須である。『教行信証』を無視して〝親鸞の〟思想を論じるということは、論ずべき親鸞というアイデンティティーを、論者みずからが無視していることになるのである。

六、まとめとして

以上、浄土真宗を学問の対象とすることは、主体性とともに必然的に客観性が生じるものであるということを軸に論じてきたつもりである。ともすれば、そのこと自体、独善的であるという誇りを受けることになるかもしれない。しかしながら、いずれにしても他者に対し自説を主張するとき、客観的姿勢を保ち続けようとする努力を放棄してはならないと考えるのである。客観性を放棄して自説を主張することは、その主張が学説として成り立たないことはいうまでもないが、そのような姿勢は真宗学を独善的な学問へと貶めることになるのであり、さらにその独善的な主張は布教伝道の現場をいたずらに混乱させることになるからである。いずれの説を主張するにおいても、論者には責任ある姿勢が求められるといえよう。

註

（1）親鸞の往生観に関する諸説の詳細については、本論集所収の井上見淳氏「親鸞の往生観に関する諸見解」を参照されたい。
（2）『図解雑学浄土真宗』（千葉乗隆著）二一六頁には、この論争の概要が解説されている。
（3）『親鸞真伝』四～六頁
（4）『親鸞聖人筆跡之研究』二頁～
（5）「建長八年丙辰七月廿五日　愚禿親鸞八十四歳加点了」
（6）『前掲著』一〇頁
（7）「愚禿親鸞敬信尊号八十四歳書之」
（8）『前掲著』一三頁
（9）ここに挙げた『教行信証』の三本のうち、現在の書誌研究においても親鸞真筆として認められているのは「坂東本」のみである。
（10）『教行信証の研究　その成立過程の文献学的考察』九頁～
（11）『教行信証の研究　その成立過程の文献学的考察』六五頁

往生理解についての一元論と二元論
——特に二元論批判の妥当性について——

西　義人

序

小論の目的は、親鸞の往生理解を論じる際に根拠として提示される一元論・二元論という概念のうち、特に二元論批判の論理の妥当性を検討することである。

まず、仏教における一元論・二元論の概要を確認しておきたい。『岩波仏教辞典　第二版』「一元論」の項では次のように述べられている。

一元論　いちげんろん［monism］世界の諸現象をただ一つの原理から把握しようとする立場のこと。複数の原理を想定する〈二元論〉(dualism) ないし〈多元論〉(pluralism) に対する。二元論でも、例えば精神と物質、主観と客観、本質と現象、善と悪などという種々の対立が考えられうる。これらはそれぞれ存在論的、認識論的および価値論的な二元論と言えるが、それと同じく、一元論にもいくつかの種類が区別できる。精神が根源的で物質は二次的と見れば、唯心的な一元論であるが、逆に物質を重視し精神を派生的とすれば、唯物的な一元論が成り立つことになる。また価値の対立を絶対的なものと見る二元論に対しては、何らかの仕方でそれを超えようとする一元論が考えられる。

これらの見方はすべて、いわば普遍的な思想の型として、洋の東西や時代を問わずに見いだされるものである。インドでも古来、精神的なプルシャ（puruṣa、純粋精神）と物質的なプラクリティ（prakṛti、原質）を立てるサーンキヤ学派の二元論がある一方、ヴェーダーンタ学派の一元論（advaita-vāda）が有力であった。仏教は、このような存在論的な問題については、概して中立でありながら、煩悩を滅して涅槃にいたることを本旨とする限り、価値論的な二元論の立場から出発したといえる。しかし大乗仏教においては、仏と凡夫とは不二であると説くにいたった。これは一元論への傾斜を強めたものと解することができる。（『岩波仏教辞典　第二版』、岩波書店、三六〜三七頁）

ここで述べられているように、一元論・二元論の問題は、世界の諸思想において普遍的に論じられてきた。そして仏教においては、煩悩と涅槃、すなわち迷いと悟りとは相反するものと見る立場が二元論、迷いと悟りとは不二であると見る立場が一元論というのが、その典型といえる。

それでは、浄土真宗においては、一元論・二元論の問題はどのように論じられているのだろうか。近年、宗派を代表する立場からその問題を正面から取り上げたのが、浄土真宗本願寺派勧学寮編『今、浄土を考える』（二〇一〇年、本願寺出版社）である。「第三章　浄土の意義」では、浄土真宗の立場から、迷いと悟りとの問題が具体的に解説されている。

ところで、仏教では迷いと悟りとの関係を「二つであって二つでない」ととらえます。「二つである」とは迷いと悟りとは異なったものであるという意味です。迷いと悟りとは異なったものであるからこそ、迷いを捨てて悟りを求めるという仏教の基本が成り立ちます。では、「二つでない」とはどのような意味なのでしょうか。それは、迷いと悟りとは、どちらも固定的なものではないことを意味しています。固定的なものではないということは、条件によって迷いともなり、悟りともなるということです。(『今、浄土を考える』、一八三頁)

大乗仏教は、このように、迷いと悟りとを「二つであって二つでない」という関係でとらえます。「二つである」ということだけではなく、「二つでない」ということだけでもありません。大乗仏教の教えは、「迷いと悟りとは二つである」という側面と、「迷いと悟りとは二つではない」という側面との、どちらの側面にも足を置いた教えであるということができます。

ところが、どちらの側面にも足を置いているという大乗仏教の中で、「迷いと悟りとは二つである」という側面に置いた足に重心をかけた教えと、「迷いと悟りとは二つでない」という側面に置いた足に重心をかけた教えとがあるということができます。(同、一八五〜一八六頁)

このような前提を示した上で、同書は次のように結論している。

まとめてみますと、親鸞聖人には、「迷いと悟りとは二つではない」とのお示しもありますが、全体としては、「迷いと悟りとは二つである」とのお示しが中心であるということができます。そして、その意味からすれば、悟りの世界である浄土と迷いの世界であるこの世界とを、全く別の世界と位置づけておられるのが親鸞聖人の教えであるということになるでしょう。浄土を考えていくのに際し、注意を払っておくべき点です。

そしてそれに続けて、

道綽禅師の『安楽集』には、全ての存在はそれぞれ異なったものであるという考えと、全ての存在は本質的に平等であるという考えについての興味深いお示しがあります。（同、一八九頁）

として、『安楽集』第二大門の説示の大意を提示する。該当する『安楽集』の文は次の箇所である。

このゆゑに『無上依経』（意）にのたまはく、「仏、阿難に告げたまはく、〈一切の衆生もし我見を起すこと須弥山のごとくならむも、われ懼れざるところなり。なにをもつてのゆゑに。この人はいまだすなはち出離を得ずといへども、つねに因果を壊せず、果報を失はざるがゆゑなり。もし空見を起すこと芥子のごとくなるも、われすなはち許さず。なにをもつてのゆゑに。この見は因果を破り喪ひて多く悪道に堕す。未来の生処かならずわが化に背く〉」と。（『浄土真宗聖典七祖篇〈註釈版〉』、二〇八頁）

この説示の意義を、『今、浄土を考える』では次のように説明している。

これ（引用者註・水と波の関係）と同様に、全ての存在は、その場その場の条件によって様々なあり方をしている（これを因縁生といいます）が、本質的には固定的な実体を持たない（これを無自性といいます）のだと考えられているのです。そして、因縁生だから無自性、無自性だから因縁生ということですので、それぞれが異なっているままで全てが平等であり、全てが平等のままでそれぞれが異なっているということになります。ところが、それぞれを固定的な実体としてとらえ、異なって存在しているとしか見なかったり（これを我見といいます）、条件によってそれぞれが異なった様々なあり方をするという面を無視して、固定的・実体的なものではないのだから全てが平等なのだとしか見なかったり（これを空見といいます）する偏った見方があります。

どちらか一方しか見ないという偏った見方は当然誤った見方なのですが、道綽禅師は、我見は須弥山のように大きくても、仏はこれをおそれない、空見は芥子粒のように小さくても、仏はこれをゆるさないとお示しになります。そして、我見は誤ったものの見方ではあるが、迷いと悟りとが異なっていると見るので、迷いを離れて悟りを目指そうという心が生まれる、しかし空見という誤ったものの見方は、迷いと悟りとの違いを全く見ないので、迷いを離れて悟りを目指そうという心が生まれてこないと、その理由を述べておられます。（『今、浄土を考える』、一九〇～一九一頁）

一元論・二元論という言葉で言い換えるならば、ここに示されている「我見」は二元論的なものの見方ということができる。また「空見」は凡夫が観念的な一元論に執着している状態ということができる。仏教においては、一元論・二元論、いずれへの偏執も誤りであるが、二元論への偏執は、凡夫が仏道を歩む上での前提と位置付けられるのに対して、一元論への偏執は、仏道の歩み自体を失わせるものとして、徹底して斥けられているということである。

結論から言えば、筆者もこの見解を支持する立場である。すなわち、浄土教の相承、そして親鸞においては、一元論ではなく、二元論的な表現やものの見方が中心となっていると考えているということである。

一方、提示する順序が逆になったが、このように浄土真宗の中心が二元論であるという見解が勧学寮編集の書籍で明示されるようになったことには、いくつかの背景があると見ることができる。その一つが、逆の見解、すなわち浄土真宗の中心は一元論であるという見解が、これまで活発に主張されてきたという事実である。そうした見解を主張した代表的な論者が、上田義文氏と信楽峻麿氏である。両氏は、親鸞の往生には現生と命終との二義があると主張する代表的な論者であり、その主張の中で、親鸞の教義を二元論的に解釈・表現することに批判的立場をとっているという共通点がある。つまり、二元論への批判的な評価というものが、両氏の往生理解におけるひとつの鍵となっていると見られるのである。そこで、そうした二元論批判の論理の妥当性を検討し、親鸞の往生理解の議論における論点整理の一環としてみたいと思う。

一　上田義文氏による二元論批判とその問題点

上田義文氏は、昭和四十六（一九七一）年五月二十九日に行われた真宗連合学会公開講演会において、真宗学における「二元論的思考法」を批判している。以下の引用は、同講演を『中外日報』記者の文責によって文字化して紙上に掲載したもので、上田氏の直接の執筆ではないが、上田氏の二元論への批判的立場が明示されているので、まずは確認しておく。

もう一つは、現在の真宗学では「二元論的思考法」が宗学の全体を貫いていはしないかということ。ここに現在、真宗学のもつ根本的な問題があるように思われるのであります。（「真宗学管見」上、『中外日報』昭和四十六年七月十五日号、一面）

上田氏はこのように、真宗学という学問が「二元論的思考法」に偏重していると批判的に指摘しつつ、その「二元

論的思考法」の具体的な内容を、

この考え方を最もよく代表していると思われる二つの概念を申してみようと思います。その一つは浄土教の特徴としてよくいわれている「この穢土をすてておお浄土に往く」――今生をすてて来世に生きる――という考え方（この点は時間というものを考える場合に現れてくる二元的思考法）。もう一つは、時間というものを離れて、法徳と機相というものに分けるという考え方。これらの点に二元論的思考法がよくあらわされていると思います。（「真宗学管見」中、『中外日報』昭和四十六年七月十六日号、一面）

と語っている。つまり、「穢土と浄土」「今生と来世」「法徳と機相」というようにものごとを区別することを、「二元論的思考法」と評しているのである。

同様の指摘が、論文「「往生」の思想」の中ではより具体的になされている。ここで上田氏は、親鸞が現生と命終との二つの往生を語ったと論じる中で、それら二つの往生の同一性を、「真如」という概念で説明しようと試みている。

親鸞は因である信心をも、果である涅槃すなわち証をも、ともに真如であると説いている。（中略）因（信）も真如、果（証）も真如ということは、因と果との無差別をあらわし、それは大乗仏教一般の根本思想であるが、伝統的解釈では、この無差別を見ないで、ここに差別のみを見ようとする。因（信心）も果（証）も同じように真如と云われていても、因位の真如は果位のそれとは異なると考え、この差別をあらわすために、伝統的解釈は「内徳」という概念を考えた。因位（信心）の真如は、信心または名号に内在している徳であると考えた。この信心に内在している徳が、往生と同時に顕現して証となると考える。このように考えて因位の真如と果位の真如とを差別する。しかしこのように差別のみを見て無差別を見ないことは、真如という概念を正しく理解したことにならぬであろう。親鸞は真如についてこのような区別をしていない。(「「往生」の思想」、『親鸞の思想構造』、一〇七〜一〇九頁)[1]

上田氏はこのように、信心も真如であり、涅槃も真如であるのだから、信心と涅槃は無差別であり、命終後の涅槃においてだけではなく、現生の獲信においても往生を語り得るのだと説明する。そしてその一方で、「伝統的解釈」は無差別を見ないで、差別のみを見ようとするのだと批判している。「二元論」という言葉は直接用いられておらず、部分的な言葉遣いの差はあるが、真宗学が「二元的思考法」に偏重しているという「真宗学管見」での批判と同趣旨と見てよいだろう。このように、「二元論的思考法」に対する上田氏の批判的姿勢は、親鸞が現生においても往生を語ったと主張する中で、「真如」「無差別」という概念を重視することに基づいていると思われる。

こうした上田氏の主張に対しては、発表当時から多くの批判が提示されたが[2]、近年にも内藤知康氏が、論文「現生往生説の検討――上田義文博士の「親鸞の往生思想」について――」において、上田氏の主張を批判的に検討している。以下、内藤氏の論を紹介しつつ、若干の私見を加えて上田氏の主張の問題点を見てゆくこととする。

内藤氏は、上田氏が、因(正定聚)と果(往生)とはともに「真如」であり「無差別」であるとして、因と果との同一性を主張していることに対して、次のように述べている。

まず、一切が無差別であるから因と果とは無差別であるという論理が、そのまま信心・正定聚という因と往生・滅度という果とが無差別であるということにはならないということを指摘しておきたい。なぜなら、一切が無差別であるという論理は、他力信心と自力信心との区別も見ないという論理である。一方、たとい正定聚

（因）のところで往生（果）が語られているとしても、それは当然、他力信心と自力信心を区別した場面においてのことである。親鸞は全く無差別に往生を語っているのではない。親鸞は少なくとも信前・信後の区別は厳密に行っており、その例は枚挙に暇がない。とすると、一切が無差別であるという論理と、因である信心と果である滅度との両者において同じく真如が語られるという論理とは別の論理であるといわざるを得ない。大乗仏教の根本思想である因果無差別（一切が無差別）が親鸞において因（正定聚）と果（滅度）とがともに「往生を得」という言葉で語られるところにあらわれているという上田博士の所論には大きな疑問があると言わざるを得ない。（「現生往生説の検討――上田義文博士の「親鸞の往生思想」について――」、『真宗学』一一五号、二〇〇七年、一〇～一一頁）

上田氏が現生において往生を語りうる根拠としている「無差別」は、一切が無差別という論理であり、因と果のみならず、信前と信後との区別すら見ないという意味での「無差別」であるが、親鸞が往生を語る場合は、少なくとも信前と信後とは明確に区別されているのではないかという指摘である。

同様の指摘は他にもある。上田氏は「「往生」の思想」第四章「大乗仏教の根本思想」において、

さて因分が果分と無二であるとすると、凡夫から仏への道程のどの地点にいる者をとっても、みなそれぞれ果分と無二であるわけである。一番仏から遠いところ、換言すればこの道程の最初の一歩のところでも果分と無二である。（「「往生」の思想」、『親鸞の思想構造』、一一七頁）

として、因分と果分との無二は大乗仏教の根本思想であると述べた上で、

親鸞において、滅度を証することだけでなく、正定聚の位につくことをも往生をうと云われるのは、滅度を証

すること（往生をうること）が正定聚の位につくことと無二であるということをあらわしている。正定聚の位につくこと（因の決定）と滅度を証すること（果をうること）という別の二つのことが、一つの「往生する」という語で云われているのは、往生することが単に浄土に生まれることではなくて仏に成ることであるからである。（中略）往生思想が親鸞において二義をもつようになったことは、「往生する」ことが「さとる」ことと実質的に変わらないもの、ある意味ではそれに優るものとなったことにほかならない。インド以来大乗仏教思想史の傍流にすぎなかった往生思想がこれによって大乗思想史の本流に座を占めるようになったということができよう。（「「往生」の思想」、『親鸞の思想構造』、一二一頁）

と主張している。

これに対して内藤氏は、次のように述べている。

まず、親鸞の往生思想が、大乗仏教の「因分と果分との無二」を意味するということであれば、なぜ信決定においてのみ「往生」が語られるのか説明できない。なぜなら、「因分と果分と無二であるとすると、凡夫から仏への道程のどの地点にいる者をとっても、みなそれぞれ果分と無二であるわけである。一番仏から遠いところ、換言すればこの道程の最初の一歩のところでも果分と無二である。」（『親鸞の思想構造』一一七頁）のであるから、三願転入でいえば第十九願位、また『正像末和讃』に「三恒河沙の諸仏の　出世のみもとにありしとき　大菩提心おこせども　自力かなはで流転せり」（二、五一八）とうたわれるような、三恒河沙の諸仏の出世のみもとにおいて大菩提心をおこした時点で「往生」を語ることができるはずである。しかし、上田博士の所説に従っても、親鸞は、因決定でしか「往生」を語っていないのであるから、「因分と果分との無二」と

の思想とはいえないのではないか。（「現生往生説の検討――上田義文博士の「親鸞の往生思想」について――」、一七頁）

上田氏自身が「大乗仏教の根本思想」と述べた「因分と果分の無二」の立場を、親鸞の往生思想の上に見ようとするならば、その「因分」の範囲は正定聚だけにとどまらず、浄土真宗の仏道において一番仏から遠いところ、たとえば、自力の大菩提心を発した遙かな過去世にまでも広がるのではないか、という指摘である。

また、内藤氏はこれに続けて、

次に、往生即成仏であるから「因分と果分との無二」が語られるということであれば、往生決定（因分）において往生すること（果分）を語るよりも、成仏決定（因分）において成仏（果分）を語る方が自然ではないだろうか。しかし、親鸞は「諸仏とひとし」・「如来とひとし」の語の説明に際して未成仏を強調している。（同上）

と述べている。「因分と果分との無二」という立場をとるならば、獲信のところで、往生だけではなく成仏を語ることも可能なはずであり、その方が、より「無二」の立場が鮮明になるのではないか、という指摘である。

以上のように、上田氏が大乗仏教の根本思想としての因果の無差別を根拠として、親鸞の往生思想における正定聚と往生との無差別を主張したことに対して、内藤氏は、因果の無差別という論理はその範囲が必ずしも正定聚と往生とに限定されないことを指摘して、範囲を拡大したところにおいて、親鸞の往生思想との整合性を問題にしている。このことは、「二元的思考法」を批判する上で、真如・無差別という概念を根拠にすることが、論理的整合性の点では諸刃の剣であることを示唆しているともいえるだろう。

さて、そもそも上田氏の立論は、親鸞の「真如」に関連する表現をすべて、大乗仏教における真如、すなわち因果が無差別という意味の「真如」と理解したことに基づいているのだが、実は、その真如の理解自体が誤りであったということを、上田氏自らが認め、訂正している。

　教行信証の中で名号や信心に関して云われている真如を、直ちに大乗仏教における真如の意味に理解したことは誤りであったと思う。（「親鸞の往生の思想について」、『恵谷先生古希記念　浄土教の思想と文化』、仏教大学、一九七二年、五七頁）

これはいうならば、上田氏の論が、親鸞の「真如」への誤解に立脚していたということである。真宗学が「二元的思考法」に偏重しているという批判や、伝統的解釈では無差別を見ないで差別のみを見ようとするという批判も、その誤解と無関係ではない。[3] しかしながら、誤解を認めたのちに、上田氏が十分な再検討をした形跡は見受けられない。

　上田氏の後年の論考では、

　親鸞の浄土は臨終の一念にそこに往生するのであるから、臨終に到らない現生の間は、如来の廻向を受けることができても、それは正定聚、不退であって、往生浄土ではない。「浄土へ往生するまでは不退のくらゐにておはします」（末灯鈔）ということは、臨終が来なければ不退の位であって、未だ往生浄土ではないということである。（「懺悔道としての哲学と親鸞」、『親鸞の思想構造』、二一四頁、傍点原文ママ）

と、明確に往生を臨終の一義に限定する記述が見られる。ただしその直後には、

　「親鸞における往生の思想」で私が述べたように、彼の往生浄土という思想は二義を含んでいる。臨終に成立

する往生（滅度を証す）と信心決定の所に成立する即得往生（正定聚・不退の位につくこと）との二つである。（同、二一五頁）

と、現生と臨終との二義の往生を主張している。このような未整理と思われる記述は、訂正を踏まえた再検討が十分になされなかったことに起因すると考えられるのではないだろうか。

往生理解に関する上田氏の問題提起は、親鸞教義における現生正定聚の重要性を再確認する契機となったという点で大きな意義を有するものであるが[4]、以上のように上田氏自身の往生理解自体が流動的であったということは、留意しておく必要があると思われる。

二　信楽峻麿氏による二元論批判とその問題点

序で述べたように信楽峻麿氏は、親鸞の往生思想に現生（現世）と臨終との二義があるとする立場をとっており、その理由を次のように説明している。

このように親鸞が、現世において往生を語るについては、それに先行するところの龍樹の仏道理解、さらにはまた、法然の現生不退の領解や決定往生の思想が注目されるが、親鸞が、かかる現世往生を主張した根本的な理由は、何よりもまず、親鸞自身における信心理解に基づくものであったことを思うべきであろう。親鸞における信心とは、すでに別に論考した如く、「信知」としての覚醒体験であり、また「真心」としての真実との値遇体験を意味するものであった。（「親鸞における現世往生の思想」[5]、『改訂　親鸞における信の研究　下』、

法蔵館、二〇〇七年、四〇二頁）

このように信楽氏は、親鸞が現生における往生を主張した「根本的な理由」は親鸞の信心理解にあるとしている。そして、その信心理解について、「別に論考した如く」として、『改訂　親鸞における信の研究　上』第二章「親鸞における信の性格」第一節「親鸞における信の性格」等を参照先として示しつつ、親鸞における信心は「体験」を意味するものであったと述べている。そこで「親鸞における信の性格」をうかがってみると、そこには、「二元的」という概念への言及が見られるのである。本節ではこの、信楽氏の往生理解の根拠となっている信心理解について検討してゆくこととする。

まずは長文になるが「親鸞における信の性格」の該当箇所を引用する。

しかしながら、伝統の教団教学では、親鸞における信心が、このように信知を意味し、それが智慧的性格をもっていることを明かす文については、すべてその信心の体徳、ないしは具徳であると解釈し、それを具体的な宗教的体験として理解することを許さない。この体徳とか具徳という語は、信心や称名に具せられるところの功徳、価値のことで、それは機相という語に対して用いられるものである。機相とは、人間における経験的な相状をいう。かくして具徳とは、そういう機相に対して、経験としては表出されない功徳、価値をいうわけである。このような信心に対する理解は、すでに親鸞にはじまるという主張もあるが、親鸞においては、信心の性格を明かすについて、このように機相と具徳、相状と価値とに分別して解釈するという如き発想はまったく見られない。それは明らかに、後世の教学において、聖典解釈のために、新しく案出された概念であると思われる。信心の理解について、かかる機相と具徳、相状と価値とを分別する如き発想が生まれてきたのは、その信心の解釈において、如来と人間との関係を二元的に捉え、しかもまたその如来の名号を、名体不二、全徳施名などと、客体的、実体的に解釈して、その名号が人間に向かって廻施され、人間がそれを領受したものが信心であると理解することによるものであろう。(6)このように二元的な発想を場として、単純に信心の体とは名号であり、その名号の付与、領受が信心であると解釈するところ、そこにはまた必然に、その信心について、人間の実存的情況とは無縁のところで、まったく観念的、抽象的に、機相と具徳、相状と価値とが分別区分されて語られてくることとなってくる。しかしながら、このような二元的、平面的な訓詁註釈学的解釈についてはは根本的に疑問がある。このような信心の観念的な理解のところ、その必然として、下巻の第四章「親鸞における信と実践」、第五章「親鸞における信と救済」に至って論究する如く、伝統の真宗教学において、その実践論が、もっぱら真宗信心とは無縁なる時の体制倫理と妥協し、それを摂取しながら語られるという、いわゆる真俗二諦の教義を構築し、さらにはまた、真宗における救済論において、仏の救済とは、すべて密益であって、機相に表出するという如き具体的な顕益ではないと語られ、あるいはまた、それは本質的には、来世、死後においてこそ成立するものであると理解されてきたわけである。これらの教義解釈は、いずれもこのような信心の観念的理解の必然の帰結にほかならなかったものである。(「親鸞における信の性格」、『改訂　親鸞における信の研究　上』、二〇〇七年、法藏館、二〇八〜二一〇頁、傍線引用者)

このように信楽氏は、「伝統の教団教学」(7)の信心の解釈が、如来と人間との関係を「二元的」に捉えるものであると批判している。信心を「二元的」に捉え、「名号が人間に向かって廻施され、人間がそれを領受したものが信心であると理解すること」は、さまざまな面で浄土真宗を親鸞から逸脱させる元凶ともいうべき、根本的な誤解であると見ているのである。

しかし、ここで信楽氏が「二元的」と批判するような立場、すなわち、仏と人間（衆生）との区別を強調する立場は、小論の序で参照した道綽はもちろん、親鸞においても踏襲されている浄土教の基本的な立場である。また、やはり批判的に「実体的」等と評された、名号の授受をもって信心とするという表現は、本願力回向という親鸞教義の根幹を、親鸞自身が表現するのに用いている表現である。たとえば信楽氏は、次のように述べている。

しかしながら、親鸞の信におけるこのような構造は、聖道教の道元の信の思想においても、同じような構造が見られながらも、そこでは本覚門的な修証一等を根本的立場とするところ、自己は本来において仏であるという論理、すなわち、生死と涅槃、虚妄と真実は無差別同一であるということが強調されているが、それに対比すれば、それは在家仏教を基本の立場とする浄土教であるところ、始覚門的な性格が強く、むしろ自己は本来において罪業深重にして出離の縁なき身であるという論理、すなわち、生死と涅槃、虚妄と真実は鋭く矛盾対立するということが強調されているのである。そして親鸞においては、このようにその対立性が重視されるところ、また必然にその両者の無差別同一性についての領解は、たんなる両者の相即としてではなく、それはむしろ、「もののにぐるをおわえとる」（『浄土和讃』左訓、親鸞全集和讃篇、五一頁）という態において、あるいはまた上に見たところの「信文類」三心釈の法義釈における、いわゆる機無、円成、廻施の論理の如く、それはひとえに如来から私への一方的な摂取として、また廻施として表象されるのである。親鸞がその信心を表白するについて、「本願力廻向の信心」（「信文類」真聖全二、七二頁）と明かし、またそれを「如来よりたまはりたる信心」（『歎異抄』真聖全二、七九一頁）というのは、まさしくこのような構造を物語るものであろう。

（「親鸞における信の性格」、『改訂　親鸞における信の研究　上』、二六〇～二六一頁）

すなわち、ここに挙げられている「信文類」三心釈の、

一切の群生海、無始よりこのかた乃至今日今時に至るまで、穢悪汚染にして清浄の心なし、虚仮諂偽にして真実の心なし。ここをもつて如来一切苦悩の衆生海を悲憫して、不可思議兆載永劫において、菩薩の行を行じたまひし時、三業の所修、一念一刹那も清浄ならざることなし、真心ならざることなし。如来清浄の真心をもつて、円融無礙不可思議不可称不可説の至徳を成就したまへり。如来の至心をもつて、諸有の一切煩悩悪業邪智の群生海に回施したまへり。すなはちこれ利他の真心を彰す。ゆゑに疑蓋雑はることなし。この至心はすなはちこれ至徳の尊号をその体とせるなり。（『浄土真宗聖典全書』二、八〇～八一頁）

という親鸞の表現が、如来と衆生とを区別し、如来から与えられた名号が衆生の信心となるという表現であること、すなわち二元的な表現であるということを、信楽氏は暗に認めているのである。

一方で、信楽氏が「名体不二、全徳施名などと、客体的、実体的に解釈して」と批判する中で註に挙げられた村上速水氏の論考では、次のように述べられている。

如来は衆生に代わって成就せられた万徳を一名号法として衆生に廻施せらる。すなわち全徳を名に施される。したがってその名号はもちろん空虚無内容な、単なる記号的な名というようなものではない。それを領納することによって、往生成仏の大果を開くという、そういう名号であるから、絶対価値を具えた名号であることはいうまでもない。これ名体不二といわれ、全徳施名といわれる所以である。（『親鸞教義の研究』、二〇六～二〇七頁）

…己が罪業の深重なることに戦慄し、不安と焦燥の世界にあったものが、名号のいわれを聞信することによって、往生安堵の安らかな法悦の境地を恵まれるということが、外ならぬ如来から万徳を廻施されたことの現実的意義であり、来世往生の大果を開くことによって、万徳領受の意義が完うせられるのである。

論じてここに至れば、「廻向は本願の名号をもて、十方の衆生にあたへたまふ御のりなり」とは、固定した功徳を名号の袋に包んで廻施するというようなことではなくして、如来がその名の上に、自ら全人救済の能力者であることを表詮して、これを諸仏に讃嘆せしめ、それぞれの世界の言葉をもって、それぞれの国の衆生に聞かしめることによって廻施せられることであることが理解されよう。この世界についていえば、応身仏たる釈尊の言説によって、われらははじめてこの名号の義意を知らしめられ、如来の廻向を受けることができるのである。(同、二一八頁)

果たして、このような「名体不二」「全徳施名」の論理は、「信文類」三心釈などに示された親鸞の信心の言語表現と乖離したものなのであろうか。筆者はそのようには考えない。少なくとも、如来と衆生とを区別し、如来から与えられた名号が衆生の信心となるという表現を「二元的」とするのであれば、村上氏の表現も二元的であるし、親鸞の表現もまた二元的といわなければならない。にもかかわらず、信楽氏は親鸞の言語表現を「二元的」という範疇に置こうとはしない。「二元的」という評価は、あくまでも「伝統教学」の言語表現や理解に対してのみ、否定的に適用されているのである。(8)

なぜこのような区別が成立するのか。管見の限り、その理由を信楽氏は直接述べていないが、親鸞の著作の読解における信楽氏の次のような立場に由来しているのではないかと推測する。

次に留意すべき第二の点としては、真宗文献の解読において、徹底した主体的解釈を試み、その表現の根底に宿る信心体験そのものに直参してゆくということである。(中略)かくして真宗文献を解読するについて注意すべきことは、それは本来に不可説なるものの言説化として、もともと矛盾を含んでいるものであるということと、またその宗教体験を明かすについては、多くは能所主客の関係における実在体験として語られているということである。すなわち、その究極的な価値体験は、つねに実在体験として、超越的、彼岸的に領解され、それからの所与、廻施として表象されているということである。しかしながら、ここで親鸞が、信心を実在体験的に「たまはりたる信心」などと明かしているからといって、その超越をたんに二元論的、実体的に捉えて、それからの授受関係を語ったものと理解すべきではない。もしもそのように、それらの文献を平面的、訓詁註釈学的に解読して、それを二元論的、実体的に理解するならば、それはきわめて浅薄幼稚な誤解であり、またそれは仏教の根本原理とも齟齬し、親鸞の信心、思想とも遠く乖離するものといわなければならないであろう。

(「今日における真宗学の方法論的課題」、『改訂　親鸞における信の研究　上』、八〜一〇頁、傍線引用者)

ここでは、親鸞の信心の言語表現が如来から衆生への回向として示されているからといって、それを文字通り「二元論的」に解釈することは、「きわめて浅薄幼稚な誤解」とまで言われている。また、信楽氏は次のようにも述べている。

しかしながら、ここで再度注意すべきことは、親鸞における信心体験の表現については、たとえさまざまな様式が試みられているとしても、その信心体験そのものは、本質的には「不可思議不可称不可説」(「信文類」真聖全二、六八頁)なるものとして、いっさいの思慮分別を超え、言語思想を超えたものであって、その表白といい記述というも、それはあくまでも第二義的なものにすぎず、その体験と表現との間には、厳として越えられぬ乖離が横たわっているということである。(「親鸞における信の性格」、『改訂　親鸞における信の研究上』、一七六頁、傍線引用者)

ここでは、親鸞の信心体験の言語表現、たとえば前出の機無・円成・回施の説明や、「如来よりたまはりたる信心」といったような言語表現は「あくまでも第二義的なものにすぎ」ないとされている。

このような信楽氏の立場からすると、「伝統の教団教学」は、「いたずらに表層的な言説に拘泥した訓詁註釈学的な過去の真宗学の方法論」(「親鸞における信の性格」、『改訂　親鸞における信の研究　上』、一六一頁)によって信心を「二元的」に解釈したものということになり、親鸞の言語表現に忠実であろうとするその立場自体が、「二元的」であるという批判を受けることになるのだと推測されるのである。

文献の読解「のみ」に拘泥することなく信の体験を追求してゆくという姿勢が、真宗学の研究において重要であることは同意できる。それは多くの先人が指摘するところでもあるし、たとえば、

人指をもつて月を指ふ、もつて我を示教す、指を看視して月を視ざるがごとし。人語りて言はむ、「われ指をもつて月を指ふ、なんぢをしてこれを知らしむ、なんぢなんぞ指を看て、しかうして月を視ざるや」と。これまたかくのごとし。語は義の指とす、語は義にあらざるなり。これをもつてのゆゑに、語に依るべからず。

(『浄土真宗聖典全書』二、二一一頁)

という指月の喩えで示されるように、言語が限界を有すること自体、少なくとも大乗仏教の基本的立場であるのだから、言語が信心体験の直接的な媒介とならないということについても異論を挟む余地は無い。(9)

しかし、それらのことをもって親鸞の信心の言語表現を「第二義的なものにすぎ」ないと位置付け、親鸞の言語表現に沿って信心を理解したり解説したりすることを「二元的」と否定することが、果たして妥当なのだろうか。このことについて、疑問を二点提示する。

一点目は、信心体験に対する言語表現の位置付けについての疑問である。信楽氏は両者の関係を論じるにあたり、「表現を求めつつも表現を超え、表現を超えつつも表現を求めるという、まったく矛盾した性格」(「親鸞における信の性格」、『改訂　親鸞における信の研究　上』、一六〇頁)があると述べている。それほどに強調される信心体験と言語表現との繊細な緊張関係は、言語表現の意義を「あくまでも第二義的なものにすぎ」ないという地位に落着させるような立場において、果たして保たれ得るのか。二者の対立において、一方が「第二義的なものにすぎ」ないと結論づけられるような関係は、「矛盾」とは言えないのではないだろうか。

これに関して確認しておきたいのは、信楽氏が「あくまでも二義的なものにすぎ」ないと評した信心の言語表現を、親鸞自身はむしろ重視していたという事例である。[10] 例えば、閏十月二十九日付高田の入道宛真蹟消息には次のように示されている。[11]

かくねんばうのおほせられて候やう、すこしも愚老にかはらずおはしまし候へば、かならずかならず一ところへまいりあふべく候。(『浄土真宗聖典全書』二、七五五頁)

ここに名前が挙げられているかくねんばう、すなわち覚然房は、特に昵近の門弟と思われるので、[12] 親鸞が彼を同信の念仏者であると認識するに至るまでには、書簡の往復だけではなく、当然、種々の非言語的コミュニケーションがあったことだろう。とはいえ、「覚然房が仰せになっていたことは、この親鸞の思いと少しも異なるものではありませんから、必ず同じ浄土に往生することができるのです」(『親鸞聖人御消息　恵信尼消息(現代語版)』、五九頁)と親鸞が述べているように、親鸞にとって覚然房の信に誤りの無いことは、覚然房の「仰せになっていたこと」、すなわち覚然房の言語表現によって把握されていたということは、紛れもない事実である。

また、飢饉や疫病で亡くなった人々の往生について問うたと推測される乗信房への、文応元年十一月十三日付の返信では、親鸞は次のように述べている。

如来の御はからひにて往生するよし、ひとびと〔に〕まふされ候ける、すこしもたがはず候なり。(『浄土真宗聖典全書』二、七八七頁)

親鸞は、乗信房が従来「如来の御はからひにて往生する」と人々に伝えていたことは少しも間違っていないと支持しているのである。やはりここでも、乗信房の「まふされ候ける」こと、すなわち言語表現が、評価の対象になっている。さらにいえば、「如来の御はからひにて往生する」という表現自体、如来を他者と位置付けた、まさしく二元的な言語表現であるといえる。乗信房がそのような言語表現によって人々に往生の因を説いてきたことを、親鸞は全面的に肯定しているのである。

信心体験を言語で直接表現することが不可能だとしても、これらの消息に見られるように、現実として親鸞は、信楽氏の表現を借りるならば「表現を超えつつも表現を求める」立場に身を置いて、言語表現に細心の注意を払いつつ、信心について語り合っていたのである。この点からしても、信心体験の言語表現を「あくまでも第二義的なものにすぎ」ないと断定することには違和感がある。そのような断定は、「平面的・訓詁註釈学的な解読」という極端な立場への批判が、言語表現の軽視という、逆方向の極端に振れたもののように思われるのである。

二点目は、信楽氏の研究方法そのものについての疑問である。既に見てきたように信楽氏は、親鸞の信心の言語表現は二義的なものにすぎないと主張している。そして、その帰結として、

そしてその故にこそ、われわれが親鸞の信心体験をその如くに正しく把捉し領解するための最良の方法としては、すでに先学が、

宗教においては表現と体験との間には不連続性の障礙が横たはる。この難局に際し、救助に来るは研究者自身の体験である。（中略）体験へ、しかしてそれの本質へ――これが研究者の進むべき唯一筋の道である。

と指示している如く、何よりも自己自身が、親鸞が生きた念仏の仏道を生き、それと同じなるまことの信心体験に徹してゆくほかはないわけである。（「親鸞における信の性格」、『改訂　親鸞における信の研究　上』、一七六～一七七頁）

という研究方法を提示している。また、信楽氏はこうも述べている。

思うに宗教文献というものは、すべて究極的な宗教体験について表現したものであるが、その宗教体験とは、本質的には世俗的な主客の分別を超え、言語表現を絶したところの、不可称不可説なるものである。（「今日における真宗学の方法論的課題」、『改訂　親鸞における信の研究　上』、八頁）

このような立場からすれば、親鸞の著作に限らず、すべての宗教文献は、信楽氏が親鸞研究において提示したのと同じ方法を用いて読解にあたらなければ、著者の信のありようを把握することはかなわない、ということになるだろう。

それでは信楽氏は、「伝統教学」の信心理解に対して否定的評価を下すにあたって、宗教文献である「伝統教学」の文献を、文字通りに読むだけではなく、著者それぞれの信心体験を掘り下げつつ読むという手順を踏んできたのであろうか。結論をいえば、否である。例えば「近世真宗教学史における信解釈の問題」(『改訂　親鸞における信の研究　上』、三六一～三九〇頁)では、近世の学匠の行信論が並べ論じられているが、そこにおいて、それぞれの学匠の信心体験の追求が行われた形跡は見られない。そして、前出の「名体不二」「全徳施名」に対する批判において例に挙げている村上速水氏の論考に対しても、その体験まで掘り下げて検証したという形跡は見られないのである。(13)

ということは、二元的な解釈を示している「伝統教学」の文献の根底にある著者それぞれの信心が、ほんとうに誤っているかどうかということは、信楽氏のいう「最良の方法」では未だに確認されていないということになる。言語表現よりも体験を重視するのであれば、「伝統教学」の文献において解釈が二元的に表現されているからといって、そのような解釈を示した者が親鸞と同じ信心体験に到達しているという可能性を、ただちに否定することはできないだろう。(14)ならば「伝統教学」の文献を言語表現のみで把握して信心理解への批判的評価を下す前に、言語表現の背後にある、著者の信心体験を検証する必要があるのではないか。この点は根本的な問題として指摘しておきたい。(15)

結

序で確認したように、一元論・二元論という概念そのものは、仏教が多様に論じられ深められる中で、議論の枠組みを与える重要な役割を担ってきたといえる。そうしたなか、道綽ら浄土教の祖師は、二元論的なものの見方しかできない凡夫が存在するという事実に立脚し、凡夫が一元論的なものの見方に偏することを、むしろ否定的に捉えていた。そして親鸞は、その著述の随所で、二元論的と見なされる言語表現を用いていた。これらの前提が存在する以上、「二元論的」「二元的」という言葉を、親鸞からの乖離・逸脱を意味する否定的概念として用いるには、相応の論証が必要であった。

しかしながら述べてきたように、二元論批判の代表的な論者である上田・信楽両氏においては、その点についての十分な論証がなされているとは認められなかった。主な問題点として指摘したのは、上田氏においては、議論の出発点である「真如」の意味についてそもそもの誤解があったこと、信楽氏においては、親鸞における二元論的な言語表現の評価とその方法に疑問があったことである。少なくとも現時点では、「浄土真宗は二元論ではない」という論理が成立しているとは認められず、小論の題名に戻って言えば、二元論批判を前提とする往生理解、すなわち、現生で往生を語り得るという往生理解もまた、論として成立していないということになる。

すでに二元論批判は自明のこととして繰り返し語られている。だからこそ、ここにおいてその論理の整合性を再検討することは、当事者の責務なのではないだろうか。(16)

以上、局所的な論考となったことは否めないが、一応の結論とする。忌憚なき批判や教示を乞う次第である。

※小論は二〇一一年国際真宗学会におけるパネル発表を元に改訂したものである。脱稿後の二〇一四年九月下旬、信楽峻麿氏の訃報に接したが、それに応じた表現の変更などは行っていない。

註

(1)『親鸞の思想構造』(春秋社、一九九三年)所収。『同朋学報』一八・一九号(一九六八年)に掲載の「親鸞の「往生」の思想」を一部改訂して収録。

(2)たとえば、普賢大円著『最近の往生思想をめぐりて』(永田文昌堂、一九七二年)「第一章　真宗学私見」。

(3)この批判については、内藤氏が浄満院円月の「指方立相」の釈を挙げて、「伝統的な解釈」においても真如の無差別が論じられていることを指摘している(「現生往生説の検討――上田義文博士の「親鸞の往生思想」について――」、『真宗学』一一五号、一二～一三頁)。

(4)上田氏の主張について、内藤氏は「現在から回顧してみると、上田博士の所論は、その後展開される親鸞の往生思想における往生の時期に関する種々の議論を惹起する一つの契機となったものであり、この問題に関していえば、歴史的な意義を有しているということができよう」(「現生往生説の検討――上田義文博士の「親鸞の往生思想」について――」、一頁)と評している。また筆者としては、上田氏が、未来の救いに偏重した往生理解への批判から往生の二義を主張したことが、結果として現生正定聚の重要性が見直される契機となったという点でも、現在の真宗学において大きな功績を残したと考える。

(5)信楽氏の近著としては、氏が「私の真宗学の集大成」(『真宗教義学原論　I』、法蔵館、二〇〇八年、viii頁)と位置付ける『真宗教義学原論』があるが、講義録という性格上、参考文献が挙げられていないといった不便がある。氏の基本的立場に変わりはないと思われるので、小論では、参考文献が明記されている論考を検討対象とした。

(6)ここでは名号を「客体的、実体的に解釈」した例の一つとして、村上速水氏『親鸞教義の研究』、二〇七頁(「第二節　全徳施名の論理」)が註に挙げられている(『改訂　親鸞における信の研究　上』、二二二頁)。

その一方、信楽氏は同一論文の中で、

しかしながら、従来の伝統教学では、この『正信偈』の「無明の闇を破す」という文の無明については、無明の語義をことさらに痴無明と疑無明に分別し、ここでいう無明とは一般の仏教において説かれる如き愚痴、煩悩のことではなく、本願に対する疑心を意味し、それは疑無明のことであるといっているのである。（中略）親鸞においては無明という語の用例はきわめて多いが、それらはすべて愚痴、ないしはひろく煩悩を意味しているものである。この一文の用例のみにかぎって特別な意味に解することは、あまりにも独断、非理にして認められないことである。もしたとえ、伝統教学が解釈する如く、この文における無明とは、たんなる疑惑の心であるとするならば、親鸞がこの文において、信心を生きるについて、なおもつねに貪愛瞋憎の煩悩に覆われてしか生きられぬことを問題にした意趣が、まったく不明瞭になってくるのではないか。（『改訂　親鸞における信の研究　上』、二二五〜二二六頁）

と、「従来の伝統教学」の「疑無明」の義を批判している。ところが、この疑無明への批判は村上速水氏の「真宗の無明義に関する一試論――疑無明と痴無明の問題――」（『続・親鸞教義の研究』所収、永田文昌堂）で提起されたものであり、信楽氏自身も参考文献としてそれを註に示している（『改訂　親鸞における信の研究　上』、二二二頁）。つまり信楽氏は、村上氏の論を批判的に示す場合には「伝統の教団教学」と位置付け信心理解を根本から否定する一方で、その村上氏の論考を参照して「従来の伝統教学」の信心理解を批判するということを、同一の論文の中で行っているのである。自説に都合良く歪められた批判対象を俗にストローマン（藁人形）というが、ここに提示されている「伝統教学」概念はその典型であろう。

（7）　註(6)で述べたように、信楽氏の用いる「伝統教学」等の概念規定には問題があるといわねばならないが、本稿では便宜上、氏の表記に沿って「伝統の教団教学」等の呼称を用いている。

（8）　たとえば信楽氏の講演記録である「現代真宗真偽論――まことの真宗とうその真宗――」（『親鸞とその思想』所収、法蔵館、二〇〇三年）に、

もとより、その信心を平易に語る場合には、阿弥陀仏を信じるとか、本願を信じるというように、二元的対象的に語らざるをえないわけで、親鸞聖人の和文の著作には、つねにそのように二元的対象的な信心として表現

されています。しかしながら、真宗信心をめぐって、論理的に解明される「信文類」においては、基本的には、明快に一元的主体的な信として語られていることを、充分に注目すべきであります。（六二頁）

とあるように、信楽氏が親鸞の言語表現を「二元的」と評する場面が皆無というわけではない。ただし、和語聖教では二元的だが「信文類」では一元的であるというこの説明は（たとえ「基本的には」という一言が添えられていても）、信楽氏が「信文類」三心釈の機無・円成・廻施の論理を、対立性を重視した立場での表現、つまりは二元的な表現の例として挙げていることと整合しているのか、疑問である。

（9）灘本愛慈氏は『顕浄土真実行文類講述』（永田文昌堂、一九八九年）において、

トマトの味はトマトが教えてくれる。阿弥陀仏の味は阿弥陀仏が教え知らせてくださるのである。（一〇二頁）

という譬喩を示している。

（10）拙稿「故人の往生の可否を語ることについて」（『龍谷教学』四四号、二二～二三頁）参照。

（11）高田の入道は真仏の伯父にあたると伝えられる。また同消息は花押が付されるなど現存する消息中で最も丁寧な形式がとられている。『浄土真宗聖典〈註釈版〉第二版』、七六九～七七一頁脚註参照。

（12）国宝本「三帖和讃」『正像末和讃』表紙に「釈覚然」の名がある。『浄土真宗聖典全書』二、四六八頁下段校異参照。

（13）「名体不二」「全徳施名」という概念は村上氏より以前から「伝統的」に用いられてきたものであるが、その概念を受容している村上氏自身の信心体験というものがあるはずである。

（14）もしその可能性を最初から否定して論じるのであれば、それは「伝統教学の信心理解は親鸞の信心理解と異なっている。だから伝統教学の信心理解は誤りである」という循環論法に陥っているということになる。

（15）杉岡孝紀氏は『親鸞の解釈と方法』（二〇一一年、法蔵館）所収の論考において、信楽氏の問題提起を受けながら、親鸞の宗教体験について詳細に論じている。

（16）信楽氏が二〇一二年に行った講演の筆録である「仏を信じたら人間変わるか」（『在家仏教』通巻七三九号、二〇一三年、在家仏教協会）では、徹底した二元論批判が展開されているが、その内容には疑問も多い。

親鸞における一元的な信心理解は、その必然として人格変容をもたらします。それは自立の信心です。そこで

は自分でしっかりと人格主体を確立して、自分はいかにあるべきか、いかに生きるべきかをきっちり判断できます。しかし今の教団は、二元論の信心を語っているところ、それが教えられないのです。だから今もって、儒教の論理やら王法の論理を持ち出して、真俗二諦論を語っているのです。（二一五頁）

信楽氏はこのように述べた上で、日本の「甘え」と、アメリカの「自立、自己責任」という、それぞれの心理的特性を対比させている。

この甘えという心理は、基本的には、赤ん坊が母親から独立する時の心理状態のいびつさから生まれてくるのだそうです。（中略）人間はこの時期に、きっちり自己成長を遂げて、新しい人格を形成していくのですが、それがうまくいかないからいびつになって、甘えという心理が助長してくる。もちろん一概にはいえませんが、今日の精神疾患の多くが、これに関わるともいわれています。（二一五〜二一六頁）

アメリカのグランドキャニオンで、大きな谷を見下ろすところには何の柵もないし、「危険」という看板もありません。始めから危険だと分かっているから、一人一人が気をつければよいということで、柵をしたり、看板をだすことはないというのです。まさに自立、自己責任の論理です。

日本では、新幹線のプラットホームまで柵をつけています。甘えもいいところでしょう。そしてこのような甘えの心理が、その必然として生み出したものが、全体主義、集団主義で、「やくざ」の世界は、その典型といわれます。子分は親分のいいなりになり、親分は子分の面倒を見るという構造になっているのです。これが天皇制や法主制につながっており、かつては、お上が旗を振ったら、みんな戦争に行ったのです。（二一六〜二一七頁）

専門家の見解を参照するにしても、「一概にはいえませんが」と前提するにしても、「甘え」を否定的に説明する文脈で精神疾患を例に挙げるのは配慮を欠いている。発言者の見識が問われることでもあろう。

また、「甘え」によって日本が戦争に突入していったということが仮に一面では事実だとしても、その比較対象として、世界一の軍事力を有し、行使してきたアメリカを称賛するというのは不可解である。

このように、二元論批判がその第一人者によって不用意に語られているという現状を見ていると、二元論批判を自明とせずに再検討することの必要性が、より強く感じられるのである。

西方浄土論の変遷
――道綽、善導の対論者に関する比較考究――

那須公昭

はじめに

阿弥陀仏の国土は、西方にある有相の浄土として理解される。これはいうまでもなく、善導大師(六一三―六八一、以下、善導)の主著『観経疏』「定善義」に説示される「指方立相」であり、この主張が後に日本浄土教の重要な見解として定着する。

この浄土の方処をめぐる問題は、善導よりも前の道綽禅師(五六二―六四五、以下、道綽)の主著『安楽集』にも示されるが、現代においても議論されるように時代を超えて取り上げられるテーマでもある。例えば、近代の浄土真宗では『百論題』の一つの論題「指方立相」として取り上げ[1]、現代では科学的見地に対する見解[2]や、大乗を「空」と捉え阿弥陀仏の浄土を批判するものに対する反論[3]など、今なお議論が繰り返されている。

では、何故にこの問題が長きに渡り論じられるのであろうか。そこには、「何故、阿弥陀仏の国土は西方にあるのか」という問いは同じでも、その中身が時代や論者の問題意識に大きく左右されるのではないか。つまり、阿弥陀仏の浄土の方処をめぐる問題の所在が、論者の時代状況や問題意識によって異なるために時代を超え議論されていると考える。

それは、最初に阿弥陀仏の浄土の方処を正当なものと主張した道綽や善導の著述からも窺える。なぜならば、両者が西方浄土を論じる上で前提となったものや反駁とした思想など、それぞれの主張に関わる思想背景が異なるからである。

従来では、道綽や善導の浄土観は、『観経』を註釈した浄影寺慧遠（五二三―五九二）や嘉祥大師吉蔵（五四八―六二三）、天台大師智顗（五三八―五九七）などが弥陀応身応土説を始めとする阿弥陀仏の浄土を低次な浄土として位置づけるなどの主張に対する反駁として展開していると見られている。確かに、道綽『安楽集』と善導『観経疏』でその対応関係を確認することはできるが、さらに詳細にみると、道綽は主に十方浄土との比較によって阿弥陀仏の浄土の方処を示し、善導は『観経』像観の法界身を解釈するにあたり「唯識法身之観」「自性清浄仏性観」との違いを明示し「指方立相」を主張することがわかる。このことから、両者が反駁とする対象が異なるのは明白であり、この違いがそれぞれの西方浄土論の独自性に関わるものと推察する。

このように、どのような思想を意識して、いわゆる「指方立相」の問題を取り上げたのかで、論説に違いが生じてくる。よって、本論では、道綽の西方浄土論と善導の「指方立相」論から、両師が問題とし反駁とした思想を中心に取り上げ、この問題の特質について言及したい。

一、道綽の西方浄土観

道綽の阿弥陀仏とその浄土に関する説示は、『安楽集』の随所にある。それは、主に以下の項目において、議論される。

①第一大門第七「三身三土義」(聖典全書一、五七九～五八三)(4)
②第一大門第八「凡聖通往」(聖典全書一、五八三～五八五)
③第二大門破異見邪執「心外無法」(聖典全書一、五九二～五九四)
④第二大門破異見邪執「十方浄土比校」(聖典全書一、五九六～五九七)
⑤第六大門(聖典全書一、六三一～六三三)

①は阿弥陀仏の仏身とその仏土が法報応の三身説の中でいずれに該当するのかという問答であり、②③は西方浄土が有相であることに関して道綽の主張が展開する。そして、④⑤は阿弥陀仏の浄土が西方にあることの正当性を十方浄土思想との比較の中で論究する。

これらはそれぞれ問答を設定し、経論釈の引用をもって論証する形式をとる。つまり、問いを設け自身の主張を展開する。道綽は、どのような思想を対象とし、独自の説を主張したのか。今回はその足がかりとして、特に問いに焦点をあて、考察を試みる。

一一、三身三土義

『安楽集』第一大門第七の主題となるのが、この三身三土義である。しかし、第一大門の総標では、

第七略《ニシテ》明《ス》二真・応二身《ヲ》一、并《ニ》弁《ズ》二真・応二土《ヲ》一。（聖典全書一、五七三）

と示す。これは一見すると真応二身説で仏身仏土を論じようとしているが、第一大門第七では

第七略《ニシテ》明《ストハ》二三身三土《ノ》義《ヲ》一、（聖典全書一、五七九）

と、三身説を用いて仏身論を展開する。その三身とは法身・報身・化身であり、そこに真身という語も応身という語も使われていない。筆者は以前、これらの表現を手がかりに、浄影寺慧遠著述の『観無量寿経義疏』（以下、『観経疏』）や『大乗義章』などについて比較検討を試みた[5]ので、ここではその概要を示す。

筆者は、この二身説と三身説の表記の違いは、慧遠の仏身仏土論の影響が強いと考える。慧遠は観仏について、

観仏《ニ》有《リ》レ二。一《ニハ》真身観、二《ニハ》応身観《ナリ》。観《ス》二仏平等《ノ》法門之身《ヲ》一、是《レ》真身観《ナリ》。観《ス》二仏如来共世間身《ヲ》一、名《ク》二応身観《ト》一。（訓点筆者、大正三七、一七三中）

と、観仏に「真身観」と「応身観」の二種類があることを示す。真身観とは、仏の平等の法門の身を観ずることであり、応身観とは仏の共世間身を観ずることであるとする。そして『観経』所説の観仏は、仏の形相に相を繫け思索する麁浄信観、即ち応身観の始であるとする。観仏という実践面の立場より、阿弥陀仏を応身とするのである。

慧遠の『観経疏』『無量寿経疏』に示される仏身仏土説は、阿弥陀仏とその浄土のみについてであり、いわば各論といえる。それに対して仏身説の総論は『大乗義章』三仏義において示す。「三仏義」では、真応二身論、開真

合応、開応合真などの三身論、四身論など、種種の仏身論について言及するが、真身を開いたものが法身・報身であり、応身を開いたものが応身・化身であるとする。図にすると以下のようになる。

二身説　　真身……寿命無尽（平等法門身）
　　　　　応身……寿命有長短（共世間身）

三身説　　　　　（開真合応）　　（開応合真）
　　　　　法身……真身…………真身
　　　　　報身……真身…………真身
　　　　　応身……応身…………応身・化身

つまり、すべて真応二身という形に集約される。

このように、慧遠の『観経疏』『無量寿経疏』において規定される真応二身説は、仏身論の総論としての「三仏義」と対応するのであり、慧遠の仏身論の基本は真応二身にあって三身論はその応用形に過ぎないことを道綽は見抜いていたと推察する。

『安楽集』三身三土義では、

古旧相伝《ヘテ》、皆云《ヘリ》二阿弥陀仏《ハ》是化身、土《モ》亦是化土《ナリト》一。此《ヲ》為《ス》二大失《ト》一也。（聖典全書一、五七九～五八〇）

と、阿弥陀仏を化身とみる「古旧」を大失と批判し、阿弥陀仏とその浄土を報身報土であると論じる。この「古旧」に該当する人物として、従来の先行研究では、慧遠、吉蔵、智顗の三師を挙げる。三師共通するのは、『観経』の註釈を行った人物であり、それぞれ阿弥陀仏土を応身応土として論じる。さらに、智顗の『観経疏』は偽撰との見解が定説となっていることから、この場合の「古旧」と直接結びつかない可能性がある。また、吉蔵『観経疏』に関して、長谷川岳史氏は、

吉蔵『観無量寿経義疏』（成立年次不明）と『安楽集』の先後関係についてのみ言えば、この阿弥陀仏の身・土に関する「北地」師説や吉蔵の「応中開応報両土」説をみるかぎり、吉蔵『観無量寿経義疏』は『安楽集』をふまえて書かれている可能性が高い。

と示し、吉蔵『観経疏』の「応中開応報両土」「非是酬因之報故為報土」（大正三七、二三五中）の記述や、「北地云」として示される北地師の説は、道綽が阿弥陀仏を報身とする中で使用する「隠没の相」に該当するのではないかと指摘し、吉蔵『観経疏』を『安楽集』よりも後の書物である可能性を示唆する。(6) この問題は、「古旧」を特定する上で、吉蔵の『観経疏』はもとより吉蔵教学も把握して検討する作業が必要であるが、今回は長谷川氏の主張を紹介するに留めさせて頂き、今後の課題としたい。

ともあれ、この第一大門第七「三身三土義」で道綽が意識しているのは、慧遠を始めとした当時の『観経』解釈だということは想定できる。慧遠は、「無量寿仏」を解釈するにあたり、『観音授記経』の阿弥陀仏に終極があるとの経説から阿弥陀仏は寿命に限りのある応身であり、真身ではないとしている（大正三七、一七三下）。それを受けて、道綽は、

依《ルニ》二『観音授記経』《ニ》一云《ク》、「未来《ニ》観音成仏《シテ》替《リタマフト》二阿弥陀仏《ノ》処《ニ》一」。故《ニ》知《リヌ》是報也。（聖典全書一、五八三）

と、あえて問題のある『観音授記経』を引いて、報身であることを論証する。この引用文については古来より解釈に所説あるが、ここで問題としたいのは、慧遠と同じく道綽が『観音授記経』を引用している点である。慧遠が阿

弥陀仏を応身と決定づけた経典を、道綽が阿弥陀仏報身説の証明として引用したことは、意図的にその反駁として使用したことは明らかであろう。

このように、『安楽集』三身三土義では、慧遠の『観経疏』を始めとする『観経』の解釈から出てきた阿弥陀仏とその浄土を応身応土とする説を問題として、報身報土であることを論述するのである。

一―二、有相の浄土～心外無法論を中心に～

『安楽集』第一大門第八と第二大門破異見邪執「心外無法」では、阿弥陀仏の浄土が有相であることについて問答形式で論じる。第一大門第八では、

第八明《ニストハ》下弥陀《ノ》浄国位《ハ》該《ネ》二上下《ヲ》一、凡聖通《ジテ》往《クコトヲ》上者、今此《ノ》無量寿国《ハ》是其《ノ》報《ノ》浄土《ナリ》。由《ルガ》二仏願《ニ》一故《ニ》乃《チ》該二通《シテ》上下《ヲ》一致《ス》レ令《ムルコトヲ》三凡夫之善《ヲシテ》竝《ニ》得二往生《ヲ》一。（聖典全書一、五八三）

と、凡夫と聖者が通じて往生できる浄土であることをテーマとして展開する。さらに、第二大門破異見邪執「心外無法」の問答でも有相の浄土往生を主題に取り上げている。冒頭では、

問《ヒテ》曰《ク》、或《イハ》有《リテ》レ人言《ク》、所観《ノ》浄境《ハ》約二就《スレバ》内心《ニ》一浄土融通《ス》。心浄《ケレバ》即《チ》是《ナリ》。心外《ニ》無《シ》レ法。何《ゾ》須《ヰムヤ》二西《ニ》入《ルヲ》一。（聖典全書一、五九二）

と、「有人」の問いを設定している。つまり、観察の対象である浄土の境界は心におさまっているので浄土と心は一つにとけあっており、心が浄ければ是であり（心浄即是）、心外に法なし（心外無法）と、批判する「有人」の具体的な問いが確認できる。

この「有人」とはどのような人物を想定しているのか。柴田泰氏は、「曇鸞の〈無生之生〉〈信仏因縁、求生浄土〉を継承して、当時〈心外無法〉を主張する人々を破斥する見解がそれ〔是心是仏釈〕と共通する」と指摘し、第二大門破異見邪執の「心外無法」論を検討する。[7] この指摘は、『観経』像観の法界身に説示される「是心是仏」(聖典全書一、八六)の解釈にあたる箇所が、『安楽集』ではこの第二大門破異見邪執の「心外無法」論であると示すのである。以下、柴田氏の手法を手がかりに「有人」の検証をしよう。

慧遠や吉蔵など『観経』を解釈した当時の著名な仏教学者は、基本的に阿弥陀仏とその浄土を応身応土と論じるが、『観経』「法界身」に関する解釈は、法身的な理解を示す。慧遠の「法界身」釈では、

仏法界身入《ハル》二於一切衆生心《ノ》中《ニ》一、故勧《ニム》レ想《フコトヲ》レ之。「是故」已下、明《ス》下仏心想、即成《チスルヲ》中前仏入《ル》二衆生心《ニ》一義《ヲ》上。於《テ》レ中《ニ》四句《アリ》。一《ニ》明《ス》二心是仏《ヲ》一、言《フ》二「是故」《ト》一者、乗《シテ》レ前《ニ》顕《ス》レ後《ヲ》、是仏法身入《ル》二於一切衆生心《ニ》一故、心想《フ》レ仏《ノ》時是心即《チ》是諸仏《ノ》相好《ナリ》。二《ニ》明《ストハ》二「心作仏」《ヲ》一成《ス》二前《ノ》心是《ヲ》一。三《ニ》「是心是仏」《トハ》結《ス》二前初句《ヲ》一。四《ニ》「諸仏遍知従心想生」《トハ》結《ス》二前第二《ヲ》一。云何名《ケ》レ作《ト》、云何名《ク》レ是《ト》。両義分別《ス》。一《ニ》就《テ》二仏観始終分別《ニ》一。始学名《ケ》レ作《ト》、終成即是。二《ニ》現当分別、諸仏法身与レ己同体《ニシテ》、現観《ニスル》レ仏時、心中《ニ》現《スル》者即《チ》是諸仏法身之体、名《ク》二心是仏《ト》一。望《ミテ》二己当果《ノ》一、由《リ》レ観生《スルヲ》レ彼名《ク》二心作仏《ト》一。

(訓点筆者、大正三七、一八〇上)

と述べ、仏の「法界身」は、一切衆生の心中に入ることを示す。そして「是心是仏、是心作仏」の「是」と「作」に着目し、一つは仏を観察する上での「始終」による解釈であり、もう一つは現・当(現在と未来)での解釈であると説明する。この中、現当分別では、仏を観ずるときに心中に現れるのは諸仏の法身であるから〈心是仏〉という。また、当果を望みて観察することにより、彼(浄土)に生ずることを〈心作仏〉と示す。

慧遠は観仏という視点より、『観経』の阿弥陀仏を応身と捉えるが、この「法界身」釈では諸仏の法身が心中に顕現するという、法身として論じるところに特徴がある。つまり、慧遠のいう「法界身」とは、行者が仏を観察する上での、法身の心中における顕現を示すのである。また心と浄土という分別ある「作」から、心と浄土（仏）が体一となる「是」へと進む「観仏」という行の展開を述べていると読み取ることができる。

吉蔵の『観経』理解も、観仏をもとに展開する。まず、念仏に「念仏法身」と「念仏生身」の二種をあげ、阿弥陀仏を「念仏生身」を応身と理解する（大正三七、二三八中）。また、「法界身」釈も慧遠と同様に法身として解釈する。吉蔵『観経疏』では、

今即《チ》第一《ニ》想《フ》二法身仏《ヲ》一。法身仏者、文云《フ》二如来是法界身《ト》一。即《チ》是法身《ナリ》。一切皆是法界、一切皆是法身《ナリ》。故前《ニ》作《ス》二此想《ヲ》一也。次云《フハ》二「是心即是三十二相八十種好、是心作仏是心是仏《ト》一」、凡《ソ》有《リ》二三是一。所三以明《ス》二三是《ヲ》一者、明《ス》二此三是《ヲ》一義足《ナリ》。「是心即是三十二相」即《チ》是応身《ナリ》。「是心是仏」即《チ》是法身《ナリ》。「是心作仏」即《チ》明《ス》二二身因《ヲ》一也。

（訓点筆者、大正三七、二四三下）

と示すように、法身仏を「法界身」を法身とし、続けて「三十二相」を応身、「是心是仏」を法身、「是心作仏」を「二身因」と規定している。更に心と仏土の関係について、

心浄《レハ》則《チ》仏土浄《シ》、仏土者只由《ル》レ心《ニ》、心垢《ナルガ》故《ニ》浄土垢、心浄《レハ》仏土浄《ナリ》。百万品心故、有《リ》二百万品浄土一、仏心《ハ》第一浄故《ニ》、仏土《ハ》第一浄、故云《フ》二唯仏一人居浄土《ト》一。

（訓点筆者、大正三七、二四四上）

と、『維摩経』の「心浄土浄」説に基づいて、浄土と心の関係について論じる。心と仏土は異なるものではなく、心のありようによって仏土のありようも変化すると示すのである。

このように、吉蔵による『観経』像観「法界身」釈は、「心浄土浄」をもとに展開する。この『維摩経』の「心浄土浄」は、「浄業正因」釈にも見受けられる。それは、

『維摩』云《ク》、「以㆓其心浄《キヲ》㆒故仏土浄《キ》也」。若得《レハ》㆓此心《ヲ》㆒、只此則《チ》是西方浄土、何者《カ》浄穢皆在《ランヤ》㆓於心《ニ》㆒、若心浄《レハ》見㆓此土則《チ》浄《キヲ》㆒、又若得《レハ》㆓第一義浄心《ヲ》㆒、則《チ》第一義土《ナリ》。然《レハ》第一義土則《チ》是法身《ナリ》。法身第一義土、更無《キ》㆑有《ルコト》㆑異也。

（訓点筆者、大正三七、二四二上）

と、ここでも「心浄土浄」の説示に基づき、西方浄土を示す。

このように隋代の諸師は、『観経』の阿弥陀仏を観仏の視点より応身と規定する一方、「法界身」を法身として解釈する。特に吉蔵は、『維摩経』の「心浄土浄」に基づいた解釈をしている。これは、心が清浄であるなら浄土も清浄であり、心と浄土の関係は不離であるという唯心浄土思想の原型であるとする指摘(8)もある。この理解は、心と浄土が体一であるという、慧遠の〈心是仏〉解釈にも共通する。

この隋代の諸師による『観経』法界身釈、特に吉蔵の『維摩経』に基づく論述は、『安楽集』心外無法論で示される「有人」の「心浄即是」に該当すると推察できる。

さらに、ほぼ道綽と同時代に生きた禅宗の第四祖道信の『楞伽師資記』に示される次の記述が注目される。

又曰。用《ヰ》㆑向《フコト》㆓西方《ニ》㆒不《ランヤ》。

信曰。若知《ハ》㆓心本来不生不滅、究竟清浄即《チ》是浄仏国土《ト》㆒、更《ニ》不《ランヤ》㆑須《ヰ》㆑向《フ》㆓西方《ニ》㆒。『華厳経』云《ク》、「無量劫一念、無量劫」。須《ク》㆑知《ル》㆓一方無量方、無量方一方《ヲ》㆒。仏為《ニ》㆓鈍根衆生《ノ》㆒、今向《フ》㆓西方《ニ》㆒。不㆑為《ナラ》㆓利根人《ノ》説㆒也。

（訓点筆者、大正八五、一二八七下）

本来、不生不滅や清浄が即ち浄仏国土になることを知っているならば、西方に願生する必要性はないのではないかという問いを立て、西方願生は鈍根衆生の為であり、利根人の為ではないことを指摘する。さらに、

『(観)無量寿経』云《ク》、「諸仏法身、入一切衆生心想。是心作仏」。当《ニ》レ知《ル》ニ仏即是心《ヲ》一。心外《ニ》更《ニ》無《キ》レ別レ仏也。

(訓点筆者、大正八五、一二八八上)

『観経』法界身については、「仏即是心」と述べ、「心外更無別仏」と展開するのである。これらの見解は、道綽の「心外無法」論で述べる主張と共通点が多い。ただ、両者の決定的な違いは、自らを鈍根の衆生の立場で西方往生を主張するか、利根の立場で悟りを主張するかである。ちなみに柴田氏は、道信のこの説示について「是心是仏」を経証とした点は、唯心浄土思想の先行思想として注目すべきであると論じる。(9)

このように、第二大門「心外無法」の問いに出る「有人」は、『観経』像観に説かれる「是心是仏」を法身として理解する慧遠や吉蔵のような解釈をする者が想定できるだろう。特に吉蔵の『維摩経』「心浄土浄」説を用いた解釈は、『安楽集』「有人」が述べる「心浄即是」に該当するものと考える。さらに道信が述べる「心外更無別仏」は、『安楽集』で示される「有人」の「心外無法」と深い関連があるものと想定する。

一―三、十方浄土との比較

道綽の西方浄土観は、「十方浄土」との対比の中で「易往にして最勝」である阿弥陀仏の浄土を示す。ここでは特に、「十方浄土」との比較で阿弥陀仏の浄土の方処に言及した理由について検討する。

この「十方浄土」の典拠は、『安楽集』にも引用される『十方随願往生経』である。この経典は、現存の『大蔵

経』では、東晋の帛尸梨蜜多羅（?～三四二）訳の『仏説灌頂経』巻十一の「灌頂随願往生十方浄土経」（大正二一・五二八下～五三二中頁）に該当する。この経典は、『安楽集』には第二大門（聖典全書一、五九六～五九七）、第五大門に二文（聖典全書一、六二七）、第六大門（聖典全書一、六三二）、第八大門（聖典全書一、六三六、経名のみ）に引用される。[10] 特に浄土の方処を論究する第二大門、第六大門の該当箇所では、この経典を引用し、西方を願生する旨を明かす。

第二大門破異見邪執の第八では、十方浄土と西方浄土との比較から西方浄土の易入性を示すのであるが、その最初の問いは、

問《ヒテ》曰《ク》、或《イハ》有《リテ》レ人言《ク》、願《ジテ》レ生《ゼムト》二十方浄国《ニ》一不《ト》レ願《ゼ》レ帰《セムト》二西方《ニ》一。是《ノ》義云何。（聖典全書一、五九六）

と示す。この「有人」を具体的に特定することは難しいが、大内文雄氏は、

この十方願生の思潮は、曇鸞（東魏興和四年より北斉初期にかけて示寂）の時代に既に根強いものとなっていたようであり、道綽の生存した時代には、その勢いを愈々増大させていたものと考えられる。

と指摘する。[11] 大内氏が述べるように、『安楽集』の引用頻度から考えると、少なくとも道綽の周辺には、『十方随願往生経』を拠り処とする十方浄土信仰者がいたことは間違いないだろう。

『十方随願往生経』による十方浄土信仰について、道綽は先の問いに答える形で、

答《ヘテ》曰《ク》、此《ノ》義不《セ》レ類。於《テ》レ中《ニ》有《リ》レ三。何《トナレバ》者、一《ニハ》十方仏国《モ》非《ズ》レ為《スニハ》二不浄《ト》一。然《ルニ》境寛《ケレバ》則《チ》心昧《ク》、境狭《ケレバ》則《チ》意専《ラナリ》。是《ノ》故《ニ》『十方随願往生経』《ニ》云《ク》、「普広菩薩白《シテ》レ仏《ニ》言《ク》、世尊、十方仏土《ノ》皆為《ス》二厳浄《ナリト》一、何《ガ》故《ゾ》諸経《ノ》中《ニ》偏《ニ》歎《ジテ》二西方阿弥陀国《ヲ》一勧《メタマフ》二往生《ヲ》一也。仏告《ゲタマハク》二普広菩薩《ニ》一、一切衆生濁乱者《ノハ》多《ク》、正念者《ノハ》少《シ》。欲《ス》レ令《メント》二衆生《ヲシテ》専志有《ラ》一レ在《ルコトヲ》。是《ノ》故《ニ》讃《ノ》二歎《スルコト》彼《ノ》国《ヲ》一

為《ス》二別異《ト》一耳。若《シ》能《ク》依《リテ》レ願《ニ》修行《スレバ》、莫《シト》レ不《ルハ》レ獲レ益《ヲ》」。

（聖典全書一、五九六～五九七）

と、十方の仏国は不浄ではないが、願生の対象を広げれば心は散乱し、狭くすれば心は専一になることを述べ、この経典を引用する。その内容は、普広菩薩の「十方の仏土はみな厳かで清浄であるが、なぜ阿弥陀仏国の往生を勧めるのか」という問いに対し、世尊が「一切の衆生は濁り乱れている者ばかりであり、正念に仏道を修める者はわずかであるから、衆生に志を専らにさせるため、阿弥陀仏国を讃嘆するのを格別とする」と応答することを示す。

そして、

弥陀《ノ》浄国乃《ハチ》是浄土之初門《ナリ》。何《ヲ》以《テカ》得《ル》レ知《ルコトヲ》。依《ルニ》二『花厳経』一云《ニク》、「娑婆世界《ノ》一劫当《ハル》二極楽世界《ノ》一日一夜《ニ》一。極楽世界《ノ》一劫当《ハル》二袈裟幢世界《ノ》一日一夜《ニ》一。如《ク》レ是《クノ》優劣相望《ムルニ》、乃《チ》有《リト》二十阿僧祇一」。故知《ニリヌ》為《スナリ》二浄土《ノ》初門《ト》一。是故諸仏偏《ニ》勧《メタマフ》也。

（聖典全書一、五九七）

と、『華厳経』を引用し、娑婆世界の一劫が極楽世界の一日一夜であり、極楽世界の一劫が袈裟幢世界の一日一夜であると示し、弥陀の浄土は浄土の初門であると位置づけ、諸仏が偏に勧める世界であることを述べる。さらに、弥陀の浄土が「浄土の初門」であり、娑婆世界が「穢土の末処」として境界が接する「境次相接」であると述べ、

往生甚《ダ》便《ナリ》。何《ゾ》不レ去《ラムカ》也

（聖典全書一、五九七）

と、往き易い「易往」の義を述べ、結論づける。

第二大門破異見邪執の第八では、十方浄土と西方浄土を比較するにあたり、末法の凡夫が阿弥陀仏の救済の対象として強く意識された傾向が強い。それは、『十方随願往生経』の引文に示される「一切衆生濁乱者多正念者少」が前提となって、阿弥陀仏の浄土に願生することの専一性が強調されること、「浄土の初門」「穢土の末処」として

境界が接していることなどからも理解できるであろう。そして、往生するのに甚だ便の良い「易往」と結論づけるのである。

このような『安楽集』の十方浄土理解は、道綽在世時の仏教者の理解とどう異なるのであろうか。吉蔵『観経疏』では、『観経』に韋提希が十方浄土から西方浄土を選び取る場面について、次のような問答を設ける。

問《フ》仏普《ク》現《ス》二十方浄土《ニ》一。夫人何意願《カ》二生《スル》西方阿弥陀《ヲ》一耶。解《シテ》云《ク》如《シ》二『華厳』所《ノ》レ辨《スル》。百萬阿僧祇品《ニ》、浄土西方《ノ》弥陀最是下品《トアリ》。即《チ》是下品、何故願《フ》二往生《ヲ》一耶。解《シテ》云《ク》始《ニ》捨《テ》レ穢《ヲ》入《ル》レ浄、余浄不二易《ク》可一レ階《フ》。為《ニ》二是因縁《ノ》一唯得《ル》レ往二生《ヲ》西方浄土《ニ》一也。

（訓点筆者、大正三七、二四一上）

と、韋提希が西方浄土に願生した意は何かとの問いに答える形で、『華厳経』の説示より西方浄土は浄土の中で最も下品であると述べる。そして下品である浄土に何故願生したのかとの問いに対し、穢土を捨て浄土に往くには他の浄土では往きにくいと述べるのである。先に示したように、道綽が『華厳経』を引用した意図は阿弥陀仏の浄土が往き易い「易往」であることの証明であったが、吉蔵は西方浄土を浄土の中で最も下品である、つまり低次の浄土と示すことで最も往き易い浄土であると論述する。つまり、道綽とは異なる形で「易往」としての西方浄土を述べるのである。

『安楽集』第六大門第一は、このような見解に対応していると考えられるのではないか。第二大門と同様、十方浄土と西方浄土との比較を行うが、その結論は異なる。まず、『十方随願往生経』を引用する。その内容は、

一《ニハ》如《シ》二『随願往生経』云《フガ》一、「十方仏国皆悉《ク》厳浄《ナリ》。随《ヒテ》レ願《ニ》並《ニ》得二往生《ヲ》一。雖《モ》レ然《リト》悉《ク》不レ如《カ》二西方《ノ》無量寿国《ニハ》一。何《ノ》意《ヲモテカ》如《クナル》レ此《クノ》。但阿弥陀仏与二観音・大勢至一先《ニ》発心《シタマヒシ》時、従《リ》二此界一去《リタマヘリ》、於《テ》二此《ノ》衆生《ニ》一偏《ニ》是有《リ》レ縁、是故《ニ》釈迦処処《ニ》歎

帰《シタマフト》」。　（聖典全書一、六三一）

と、他の国土とは異なり、阿弥陀仏の浄土は娑婆の衆生と「有縁」であるので、釈尊が讃嘆して帰依されていることを示す。そして、

二《ニハ》拠《ルニ》二『大経《ニ》』一、「法蔵菩薩因中《ニ》於《テ》二世饒王仏《ノ》所《ニ》一具《ニ》発《シテ》二弘願《ヲ》一取《リタマフ》二諸《ノ》浄土《ヲ》一。時《ニ》仏為《ニ》説《キテ》二二百一十億《ノ》諸仏刹土《ノ》天・人《ノ》善悪、国土《ノ》精麁《ヲ》一悉《ク》現《ジテ》与《ヘタマフ》レ之《ヲ》。於《テ》レ時《ニ》法蔵菩薩願《ジテ》取《リテ》二西方《ヲ》一成仏《シタマヒ》、今現《ニ》在《スト》レ彼《ニ》」。是二《ノ》証也。　（聖典全書一、六三一）

と『大経』を引用する。讃仏偈を説きおえた後の法蔵菩薩が、因中において、二百一十億の諸仏国土の天・人の善悪、国土の精麁を比較考究し、その精妙を選取して西方に浄土を建立したと説示される。神子上恵龍氏は、この引文の中、特に「願取西方」について次のように示す。

この中の願取西方といふことは、単なる釈尊の口説上の西方に指方立相が単なる方便説ではなくて、事実上の存在なりと思惟されたことが明瞭に看取さるゝのであって、この問題を検討する者にとっては、重要なる示唆を与ふるものとであると云はねばならぬ。(12)

つまり、この引文の意図するところは、方便としての「西方」ではなく、釈尊が事実上の存在として明確に「西方」を位置づけていたことに注意が必要であると指摘する。確かに、阿弥陀仏及びその浄土が本願に立脚した仏身・仏土であることは、道綽が阿弥陀仏を報身と捉えていたことからも分かる。第二大門菩提心釈では「報身」について、

言《フ》二報身《ノ》菩提《ト》一者、備《ニ》修《シテ》二万行《ヲ》一能《ク》感《ズ》二報仏之果《ヲ》一。以《テ》二果《ノ》酬《ユルヲ》レ因《ニ》名《ケテ》曰《フ》二報身《ト》一。円通無礙《ナルヲ》名《ケテ》曰《フ》二菩提《ト》一。

（聖典全書一、五八七）

と述べ、酬因感果の仏身を報身と規定する。このことは、道綽が阿弥陀仏についてすでに本願を成就し、現に衆生を救済する仏身として捉え、本願を極めて重要視していたことに起因している。(13)

第三に、『観経』を引用し、十方一切の浄土をみた韋提夫人が西方浄土を願生したことを示す。そして結論として、

諸《ノ》浄土《ノ》中《ニ》安楽世界《ハ》最勝也。

（聖典全書一、六三二）

と、阿弥陀仏国は浄土の中で最も勝れた浄土であることを示すのである。

このように、十方浄土との比較は、『安楽集』では第二大門と第六大門の二ヶ所で取り上げる。同じテーマを別々の場所で論じるということは、道綽が何らかの必要に応じて対応したものと考える。特に第六大門で弥陀浄土の優位性、最勝性を示すことは、吉蔵のような弥陀の浄土を低次な浄土と位置づける主張を意識したと考えられるのではないか。これはあくまで想像だが、道綽が第二大門第八の内容を講義もしくは執筆した後に、『華厳経』の経説を用いて、吉蔵のような論理でもって道綽を批判した人物が道綽周辺にいたのではないだろうか。もしくは吉蔵の『観経疏』のような内容をみて、第六大門を講義もしくは執筆したのかもしれない。この問題は決定的な資料がない以上、想像の域を超えることはできないが、少なくとも、道綽の身近に弥陀の浄土を低次な浄土と位置づける論者がいた、もしくは資料があったのではないかと推察する。

以上、道綽『安楽集』で論じられる仏身仏土論について、道綽が意識したもしくは反駁とした論者について見てきた。まとめると以下のとおりとなる。

・三身三土に関する議論…浄影寺慧遠などが主張する阿弥陀仏応身応土説の反駁として、阿弥陀仏身仏土を報身報土と主張
・有相の浄土に関する議論…慧遠・吉蔵の法界身解釈や道信の「心外更無別仏」などの理解に対する応答
・西方浄土が易往かつ最勝であることの主張…『十方随願往生経』を元にした十方浄土信仰者に対する応答、阿弥陀仏土を低次の浄土と位置づける論者に対する応答

以上のことから、道綽の西方浄土論は、西方浄土を願生することについて、批判的もしくは誤ったものの見方を主張する者が道綽周辺に実在し、その批判や解釈に問答形式で展開していると考える。

二、善導の指方立相論

善導の主な阿弥陀仏の仏身仏土の主張について概観すると、仏身については、『観経疏』に示される「是報非化」と表現されるように阿弥陀仏報身説を主張したことが有名であるが、一方で「諸仏三身同証」と述べるように、諸仏に法報化の三身を認める姿勢も見受けられる。仏土に関しては、『観経疏』「定善義」で「指方立相」を主張する。そこで、善導の主張する「是報非化」や「指方立相」を中心に、善導が反駁としたもしくは意識した論者は誰なのか、本節ではその検討を行う。なお、善導とその周辺の比較研究については、既に多数の先行研究が随所で論じられており、特に近年では柴田泰山氏などにより、善導教学とその当時の思想との比較研究が進んでいる。(14)ここでは、柴田氏を始めとする先行研究に依りながら、善導に影響を与えた思想について、整理を行いたい。

二―一、是報非化

善導は、阿弥陀仏の仏身について三身説で理解する。『観経疏』「玄義分」では、

乃《チ》過・現諸《ノ》仏《ニ》弁二立《ス》三身《ヲ》一。

（聖典全書一、六七五）

と述べ、『観経疏』「定善義」では、

欲《ス》レ顕《サムト》下諸仏《ハ》三身同《ジクシ》証、悲・智《ノ》果円《カナルコト》等斉《ニシテ》無《ク》レ二、端身一坐《ニシテ》影現《スルコト》無方《ナリ》、意赴《ク》二有縁一時、臨《ムコトヲ》中法界《ニ》上。

（聖典全書一、七四三～七四四）

と示す。さらに『法事讃』では、

三身《ノ》化用皆立《シテ》二浄土《ヲ》一、以《テ》導《キタマフ》二群生《ヲ》一。

（聖典全書一、八〇七）

と述べる。「弁立三身」「三身同証」「三身化用」の語句が確認できるように、善導は諸仏に三身が備っていることを強調する。しかし一方で、「是報非化」というように阿弥陀仏が報身であると主張する。

この問題について、高橋弘次氏は、「阿弥陀仏それ自身におけるはたらき（三身）を示す立場と、いま一つは阿弥陀仏を理論（三身論）を用いて外から性格づけをする立場であり、これらはそれぞれあい入れない立場のものであるといえる」と述べ、三身同証を阿弥陀仏それ自身のたつ立場とし、酬因感果身、報身としての阿弥陀仏を外から論証し表示しようとする立場であるとする。(15) こうした理解に対し、柴田氏は、

「一切諸仏三身同証」と阿弥陀仏報身論との関係は、阿弥陀仏が有する「仏身としての共通性」と「別願を根拠とする特殊性」とを説示したものと見ることができる。しかも、特殊性の根拠が別願であるということから

考えると、まず「仏身としての共通性」が存在し、その上に「別願を根拠とする特殊性」が成立していると見ることができる。つまり、善導は阿弥陀仏の報身が阿弥陀仏自身の自内証を根拠として成立し、かつ阿弥陀仏は阿弥陀仏自らの意志において存在していると見ていたと考えられる。

と述べて、三身同証説が阿弥陀仏報身説の存在論的根拠として位置していることについて、阿弥陀仏の有相性のすべてを阿弥陀仏自らの仏身としての根拠から生成していると論じる。(16)

「三身同証」「弁立三身」などの諸仏に三身説が備っているとみる理解は、慧遠の『大乗義章』などでも取り上げられるように、仏身論の一般的な理解として規定される。しかし、阿弥陀仏の仏身仏土に関して言えば、慧遠も吉蔵も応身応土として捉える。道綽は、これら諸師の主張を批判しつつ自身の見解を示したが、善導の「是報非化」は、その道綽の説示を意識しつつ、さらに諸師の示す三身同証に依りながら、弥陀仏身が報身であると展開したのではないかと考える。「玄義分」では、

問曰《ヒテク》、弥陀《ノ》浄国為《ハ》当《ハタ》是報《ナリヤ》是化《ナリ》也。

答曰《ヘテク》、是報《ニシテ》非《ズ》レ化《ニ》。（聖典全書一、六七四）

と、問答形式で報身であることを示す。これは、慧遠『観経疏』の「是応、非真」（大正三七、一七三下）に対する反駁であるが、迦才『浄土論』の理解に対する反論も含んでいると思われる。迦才『浄土論』では、

問曰《フテク》。土既有《ニリ》レ三者、未レ知《ラ》二西方是《ハ》何《ノ》土一也。

答曰《ヘテク》。亦具《セリ》二三種《ヲ》一。若入《シリ》二初地《ニ》一已《ニ》去《ル》菩薩正体《クス》二智見一者、即《チ》是法身浄土《ナリ》。若《シ》加行《ノ》後、得《ル》二智見一者、即《チ》是報身浄土《ナリ》。若是《シレ》地前《ノ》菩薩《ノ》二乗凡夫《ヲ》見《ル》者、即《チ》是化身浄土也。（大正四七、八四中〜下）

と、西方浄土が法・報・化のどの土にあたるのかという問いを設定し、初地以上の菩薩は法身浄土、加行後に智見を得た者は報身浄土、地前菩薩以下は化身浄土と、機根によって往生できる浄土をわけている。このような理解だと、凡夫の往生は化土となり、後で善導が主張する本願に立脚した因願酬報としての仏身とも矛盾を来すこととなるだろう。よって、「是報非化」と批判した対象には、迦才の理解も含まれるのではないかと推察する。

善導は、阿弥陀仏の浄土を「是報非化」と述べた後、『大乗同性経』『無量寿経』を引用し、論証する。『大乗同性経』は、

如《シ》二『大乗同性経《ニ》』説《キタマフガ》一。「西方安楽阿弥陀仏《ノ》是《ハ》報仏報土《ナリト》」。　（聖典全書一、六七四）

と示す。これは、同経から直接引用した文ではなく、道綽『安楽集』三身三土義の引用文（聖典全書一、五八〇）を、善導が要約したものである。『安楽集』では、この経典のみを引用し阿弥陀仏が報身であることを論じるが、善導は、さらに『無量寿経』を引用している。それは、

又『無量寿経《ニ》』云《ク》、「法蔵比丘在《シテ》二世饒王仏《ノ》所《ニ》一行《ジタマヒシ》二菩薩道《ノ》一時、発《シタマヘリ》二四十八願《ヲ》一。一一願《ノ》言《ニク》、若我得《シ》レ仏《タラムニ》、十方衆生《ノ》称《シテ》二我名号《ヲ》一願《ゼムニ》レ生《ゼムト》二我国《ニ》一、下至《ルマデ》二十念《ニ》一、若不《シ》レ生者《ハ》不《ゼ》レ取《ラ》二正覚《ヲ》一」。今既成仏《シタマヘリ》。即《チ》是酬因之身也。　（聖典全書一、六七四）

と示す。これは『無量寿経』の経説そのものではないが、善導の仏身論の特徴が示されている。法蔵菩薩の四十八の願いが成就して仏となったことは、酬因の身であると示す。つまり、ひろく言えば四十八願酬因の身であり、別して言うと十八願酬因の身として阿弥陀仏の仏身が表現される。道綽においても、第二大門菩提心釈で、「以《テ》二果《ノ》酬《ユルヲ》レ因《ニ》、名《ケテ》曰《フ》二報身《ト》一」と述べ、第六大門で『大経』の引用文中に「法蔵菩薩願取西方」と示すように、酬因の身

としての義を確認することはできるが、第二大門では菩提心を、第六大門では西方浄土の最勝性を示す箇所であるので、直接的に報身報土の性質を明らかにしている文脈とはいえないだろう。つまり、善導はより具体的に弥陀の仏身を明らかにする文脈の中で、酬因の身を示す。それは、道綽の弥陀報身論の主張を補足する形で、因願酬報としての阿弥陀仏を位置づけたと見ることが出来る。

さらに、善導は、道綽も引用した『観音授記経』を引用し、弥陀の入滅に関する問いを設定し、次のように答える。

答《ヘテ》曰《ク》、入・不入《ノ》義者唯是諸仏《ノ》境界《ナリ》。尚非《ズ》二三乗浅智《ノ》所《ニ》レ闚《フ》、豈況《ニヤ》小凡輒《タヤスク》能知《ラム》也。雖《モ》レ然《リト》必《ズ》欲《セバ》レ知《ラムト》者、敢《テ》引《キテ》二仏経《ヲ》一以為《テサム》二明証《ト》一。（聖典全書一、六七五）

と、入・不入の義は諸仏の境界であると論じ、三乗が知ることではないとする。そして、『大品経』「涅槃非化品」（現本は「如化品」）を引用する。この一段は、性空の理を説いたものであるが、善導は特に、

須菩提言《ク》、何《カ》等是不生不滅《ニシテ》非《ザルト》二変化《ニ》一。仏言《ク》、無《キ》二誑相《ニ》一涅槃、是法《ノミ》非《ズト》二変化《ニ》一。（聖典全書一、六七六）

と示されるように、涅槃は無生無滅、不生不滅であり、変化はないことを示し、阿弥陀仏の報身も同様に無生無滅であることを論証しようとしたと考えられる。つまり、問題となる阿弥陀仏入滅説を、『大品経』を引用することで、不生不滅の義でもって否定し、報身としての阿弥陀仏を証明したと考えられる。(17)

このように、善導による阿弥陀仏報身説は、慧遠や吉蔵などの『観経』註釈者はもちろん、迦才などの浄土論者も意識して論じていることがわかる。特にこの弥陀報身説に限って言えば、道綽の三身三土義の議論をベースとして、経典などを引用し、善導独自の論説を展開していることが考えられる。

二―二、指方立相

西方浄土の方処に関し、『百論題』の一つ「指方立相」として取り扱われるのは、善導『観経疏』「定善義」の次の文が典拠となる。それは、

又今此《ノ》観門等《ハ》唯《シク》指《シ》レ方《ヲ》立《テテ》レ相《ヲ》、住《メテ》レ心《ヲ》而取《ラシム》レ境《ヲ》。総《ジテ》不レ明《サ》二無相離念《ヲ》一也。如来懸《ハルカニ》知《リタマヘリ》下末代罪濁《ノ》凡夫《ノ》立《テテ》レ相《ヲ》住《ムルスラ》レ心《ヲ》尚不レ能《ハ》レ得《ルコト》、何況《ニヤ》離《レテ》レ相《ヲ》而求《ムル》レ事《ヲ》者、如中似《ゴトシト》無《キ》二術通一人《ノ》居《シテ》レ空《ニ》立《ツルガ》上舎《ヲ》也。（聖典全書一、七四五）

と、相に生ずることがただでさえ難しい末代罪濁の凡夫が、無相離念に生ずることはかなわないことが示される。つまり、凡夫のために相を取る阿弥陀仏の浄土を明らかに示す。

この文の前に、善導は『観経』像観に示される「是心是仏、是心作仏」を解釈する。そこには、

言《フ》二「是心作仏」《ト》一者、依《リテ》二自信心《ニ》一縁《ズルハ》レ相《ヲ》如《シ》レ作《ノ》也。言《フ》二「是心是仏」《ト》一者、心能《ク》想《ヘバ》レ仏《ヲ》、依《リテ》レ想《ニ》仏身而現《ズ》。即《チ》是《ノ》心仏也。離《レテ》二此《ノ》心《ヲ》一外《ニ》更《ニ》無《ケレバ》二異仏一者也。言《フ》二「諸仏正遍知」《ト》一者、此明《ス》下諸仏得《テ》二円満無障礙智《ヲ》一、作意《ト》不作意《ト》常《ニ》能《ク》遍《ク》知《リタマヘリ》二法界之心《ヲ》一、但能《ク》作《セバ》レ想《ヲ》、即《チ》従《ヒテ》二汝《ガ》心想《ニ》一而現《ジタマフコト》、似中如《ゴトシトイフコトヲ》生《ズルガ》上也。或《イハ》有《リテ》二行者一、将《モテ》二此《ノ》一門之義《ヲ》一作《シ》二唯識法身之観《ト》一、或《イハ》作《ス》二自性清浄仏性観《ノ》一《ト》者、其意甚《ダ》錯《レリ》。絶《エテ》無《シ》二少分《モ》相似《タルコト》一也。

（傍線筆者、聖典全書一、七四四〜七四五）

と、下線部に示すように、『観経』説示の「是心是仏」は唯識法身之観でも自性清浄仏性観でも無い、自らの信心に依る相であるとするのである。

従来、この唯識法身之観や自性清浄仏性観については、『観経』法界身の解説であるところから、慧遠・吉蔵・

智顗偽選の『観経疏』との比較の中で論究されてきた。慧遠・吉蔵の解釈については、道綽の「有相の浄土」の項で検討したが、両者の法界身釈だけ見ると、「是心是仏」を法身的に解釈していることがわかる。それに対し、善導は、「依想仏身而現」と述べ、この心を離れて更に異仏はないと示すように、「是心是仏」を法身とは取らない。「是心是仏」を行者の立場で解釈していると思われる。

このように、諸師の『観経』理解に対する主張として捉えることもできるが、特に唯識法身之観や自性清浄仏性観に関しては、他の思想との対応関係を考えなくてはならない。この問題については、既に柴田氏が詳細な検討をしているので、ここではその成果を確認する。まず唯識法身之観に関して柴田氏は、

善導は唯識法身之観と発言することによって、具体的に誰を批判したのであろうか。現時点では、具体的な人名までは提示し得ない。しかし、ここまでの整理から、少なくとも『大乗起信論』および地論・摂論系統に依據した視点から『観経』の解釈を行なっていた人物が想定される。

と指摘し、地論・摂論系の影響がみられる迦才の『浄土論』や道誾の『観無量寿経疏』を提示するが、唯識法身之観といわれる内容が看取できないことから、「具体的な提唱者は確定不能である」と述べるものの、『大乗起信論』および地論・摂論系統の見解を挙げる。(18)

また自性清浄仏性観に関しては、

おそらく、「是心作佛」の「是心」を衆生心と理解した上で、衆生心の所取として仏を縁ずる際に、「是心是佛」の「是心」について衆生心がそのまま「自性清浄心」となり、同時成立的に「是心」である「自性清浄心」が仏性として存在していることを観察するものと考える。

いについて、

と示し、慧遠の『大乗義章』に示される如来蔵思想を検討する。(19) そして、この唯識法身之観と自性清浄仏性観の違いについて、

善導は同様な構造において、かつ提唱者がいずれも地論系統および摂論系統と推定される際に、何故に両者を別々に呼称したのであろうか。その一因として、唯識法身之観は第八阿梨耶識において仏を縁ずることに対し、自性清浄仏性観では衆生心において仏を縁ずるという、決定的な相違点を善導が認知していたことによると考える。

と指摘する。(20)

この柴田説をふまえ整理すると、善導の「指方立相」が提示された理由の一つに、当時の中国仏教界に大きな影響を及ぼしたであろう地論系が反駁の対象として挙げられる。地論系統と善導との対応関係を詳細に探る必要があるが、それは今後の課題としたい。ここでは、唯識法身之観や自性清浄仏性観という語句は道綽には見られないということに注目する。唯識法身之観や自性清浄仏性観は、柴田氏が指摘するように地論系や如来蔵思想などの具体的な思想を想定しており、善導が問題視した対論者とは、いわゆる諸師の『観経疏』だけではなく、地論系統を始めとする善導在世時に主流であった阿弥陀仏理解に対しても反論しているのではないかと考える。

三、小　結

道綽、善導の西方浄土論について、特に両者が意識したであろう論者や思想に焦点を当て、整理を行った。両者

は、それぞれ時代は若干異なるものの、仏身論や浄土の方処に関しては、在世当時の仏教者の阿弥陀仏の浄土理解に対する反駁として言及していることがわかった。それは、両者が阿弥陀仏の浄土を願生することの正当性を証明する姿勢の表れといえるだろう。

道綽の「三身三土義」と善導の「是報非化」は、引用文が類似していることなどから、善導が道綽の義をベースとして展開したものと考える。『安楽集』の報身説は『大乗同性経』の引用だけだったが、「玄義分」では『無量寿経』や『観経』を引用して、因願酬報の義を見いだした。また善導は、『観音授記経』の弥陀入滅の経説に対し、『大品経』引用により入涅槃の文脈に読み替えるなど、道綽の「三身三土義」を補充すべく、論理展開しているのが「是報非化」の説だと考える。

また、『観経』法界身について、『安楽集』では第二大門「心外無法」にその解釈があることを指摘し、諸師の法界身釈との対応関係を確認した。一方、善導の「指方立相」は、諸師の法界身釈も念頭に置きつつも、道綽の時代には具体的な問題として現れていなかった唯識法身之観・自性清浄仏性観に対する応答があった。これが後に『百論題』で取り上げられる「指方立相」の原型となる訳だが、その背景には、善導が問題視する思想や論者が、道綽の時とは異なり、より顕在化したものとみることができるだろう。

道綽は『十方随願往生経』をもとに展開する十方浄土信仰を問題視したが、善導には特に問題視する記述は見られない。善導が『観経疏』を執筆する頃あたりに、この信仰は衰退したのかもしれない。この問題については、さらなる検討を要するが、少なくとも道綽在世時に比べ、善導が活躍する時代になると、十方浄土信仰は衰退していたのではないかと推察する。

西方浄土論に関する論題は、時代に応じて、常に批判や反駁の応酬にあっている。冒頭でもふれたが、現在も変わらず、「何故西に浄土はあるのか」という問題提起や批判は、姿や形を変えながら主張される。その際に、道綽や善導がどのように対応し、どのような思想を問題視したのか、その両師の姿勢を確認することが、この問題と向き合う上で必要な作業だと考える。

註

（1）『真宗叢書』巻二（興教書院、一九三〇）二〇一～二一四頁　同書の附録「国界無辺」・「境次相接」も参照（二一五頁～二二二頁）

（2）内藤知康著『やわらかな眼』（本願寺出版社、二〇〇五）「西方の浄土」（一六七～一七三頁）では、科学的知識を持つ現代人の理解に対し、往生浄土の教えは、情的な把握が中心であることを指摘する。

（3）徳永道雄著「指方立相考　―ゴードン・カウフマンの浄土教批判に応えて―」（『中西智海先生還暦記念論文集親鸞の仏教』、永田文昌堂、一九九四）三九三～四一二頁参照。キリスト教神学者カウフマン（キリスト教の根源的な二元論の脱却を試み、空の概念をもって神の実体化を克服しようとする神学者）が「浄土は実在としてあるのか」と疑問を呈した。この問題に対し徳永氏は従来の見解（曽我氏、鈴木氏など）は「信」において浄土を見ているると指摘し、カウフマンの提唱する「客観的な言葉」に応えていないものとして、浄土教が凡夫の立場にたつものであることを指摘する。

（4）浄土経典や道綽、善導に関する引用は、『浄土真宗聖典全書一巻　三経七祖篇』（浄土真宗本願寺派総合研究所編纂、本願寺出版社発行、二〇一三年）に依り、表記は「聖典全書一」とする。その他の経典や浄影寺慧遠、嘉祥大師吉蔵などの引用は、『大正新脩大蔵経』に依り、表記は「大正」とする。

（5）拙稿「『安楽集』における三身三土義の研究―浄影寺慧遠の弥陀仏身論との比較を中心として―」（『浄土真宗総合研究』第四号、二〇〇九年）参照。

（6）長谷川岳史「『安楽集』の三身説に関する一考察―隋代諸師の三身解釈との比較を通して―」（『真宗研究』四八、二〇〇四）六〇頁参照。氏は吉蔵の阿弥陀仏身理解について、「『無量寿経』では応土と報土のどちらを説くのかという問いに対して、「応中開応報両土」といい、さらに「非是酬因之報故為報土」として、この浄土は、応土中に応・報の両土がある中の報土として理解すべきであり、この応中の報土に種々の七宝に飾られた応土が示現するのであるから、酬因の報として実報土ではないと述べる。そして、その土が分段生死に属するとする説と、変異生死に属するとする「北地」師の説をあげ、結論としては、「不可定判」とするも、吉蔵は「彼土寿雖無量必終訖」と述べて、明らかに分段生死とみている。」と指摘する。

（7）柴田泰著「中国浄土教における唯心浄土思想の研究（一）」。（『札幌大谷短期大学紀要』二二、一九九〇）三六頁参照

（8）柴田氏前掲論文では、「唯心浄土の成立は、永明延寿（九〇四～九七五）である。しかし、『観経』「是心是仏」に唯心浄土的思想の源流が認められており、それは、諸師の『観経疏』にも窺い知ることができる」と指摘する。

（9）柴田氏前掲論文では、「〈是心是仏〉を経証とした点も、すでに知った法相・天台・華厳系の見解がそれよりも遅れて現れることから考えれば、最も早い時代に重視されていたことになる」と指摘する（四一頁）

（10）渡邊隆生著『安楽集要述』（永田文昌堂、二〇〇二）一五七頁、内藤知康著『安楽集講読』（永田文昌堂、一九九九）「附録二『安楽集』における引用文の研究」参照

（11）大内文雄「『安楽集』所引疑偽経典の二・三について」（『大谷学報』五四、一九七五）

（12）神子上恵龍著『弥陀身土思想の展開』（永田文昌堂、一九五〇）三六三頁

（13）『安楽集』の報身については、拙稿前掲論文参照。

（14）柴田泰山著『善導教学の研究』（山喜房佛書林、二〇〇六）

（15）高橋弘次著『改版増補　法然浄土教の諸問題』（山喜房佛書林、一九九四）六〇頁

（16）柴田氏前掲書、五五三頁

（17）柴田氏は、『大品経』引用について「阿弥陀仏の無量寿とは、あくまでも不生不滅としてのいわば無自性の時間である」と述べ、阿弥陀仏が「有自性の時間」に生存する衆生を救済し続けることを指摘する。（柴田前掲書、五

六七頁）
（18）　柴田氏前掲書　六三九頁
（19）　柴田氏前掲書　六四二〜六四三頁
（20）　柴田氏前掲書　六四三頁

戦国期真宗教学の研究

――慶秀『正信偈私記』を通して――

三浦真証

一、はじめに

現在の浄土真宗の宗学は、宗祖である親鸞聖人（以下、尊称は略す）をはじめ、覚如・存覚・蓮如の著作に基づいて形成されていることは勿論であるが、近世において培われた教学の論理構造が下支えしていることも、誰もが認めることである。

近世真宗教学については、これまで先学による膨大な研究の蓄積がある。しかし、近世真宗教学の特徴を知るために必要な比較対象となる近世以前の教学研鑽の研究は、南北朝時代に活躍した存覚（一二九〇～一三七三）にまで遡らなければならない。その間には、真宗中興の祖である蓮如（一四一五～一四九九）があるが、聖教を註釈あるいは解説するような、いわゆる学問的な書物は『正信偈註』『正信偈註釈』のみであり、学問的真宗教学の歴史を論じる際に重要視される傾向は少ない。(1)また、蓮如以降は一向一揆や石山合戦などの特殊な時代状況もあって、教学展開を考える際に度外視される傾向は強い。つまり、教学展開に関して存覚以降を考えた場合、まさに空白時代と言うことができるのである。

しかし、その空白時代を経た近世になると、陸続として聖教の註釈書が著され刊行されていく。では、近世の学匠たちはどのような知識を前提として聖教を註釈・解説していったのであろうか。何の前提もなく、突如として聖教の註釈書が著されていくというのは考えにくい。

本論文では、まず、数少ない資料の中から戦国期真宗教学に関して指摘するものを挙げ、その上で戦国期を生きた唯一の学匠と言える慶秀（一五五八～一六〇九）を取り上げ、彼がどのような教学を形成していたのか、引用典籍を手掛かりにして明らかにし、近世真宗教学の前提となるものを論じたい。

二、戦国期真宗教学に関する先行研究

先に述べたように、本論文は近世真宗教学の特徴を明らかにするために、その前代である戦国期の真宗教学について述べることを目的としている。しかし、一般的に戦国期の真宗教学については、

教義解釈の如きも、既に教権の確立したる此時代の事、且つ内外の事情も到底人をして此の如き閑事業に腐心するを得ざらしめたれば、教義史上何等注目すべきものあるなし(2)

と述べられるように、石山合戦の影響から教学研鑽をする学匠もおらず、教学史上に見るべきものがないとされている。(3)その主たる理由は、資料の欠如によるところが大きいが、例えば『本願寺作法之次第』に、

一　六要抄をば当時よむ人なく笑止との仰事。蓮如上人御七回の御仏事後、俄実如上人被仰出候て、顕證寺蓮淳・本泉寺蓮悟・常楽寺如覚、三人によませられ侍し。其後も各御免候し。当時是も兎角し候はゞ、よむ人断絶候べき也。(4)

とあることや、

一　永正十五年の夏、浄土の本書四帖疏をば各よみ申候へ共、具書［善導御作］分はよむ人なく候間、よむべく候て、愚老興行せしめ、弟にて候本善寺［実孝］・順興寺［実従］、同心によみ候はんと興行仕候へ共、師匠なく候し、よみ様存知の人なくて候。既に断絶事候、勝事之儀候哉。(5)

とあることなど、当時の教学状況が聖教を読むことすら困難な状況であったと考えられることや、(6)あるいは同じく『本願寺作法之次第』に、

一　後生の御免と申事、近代被申人候。いづれの経論に御入候事候哉、正教にも御入候歟、未承及之由各申事候。これも実如上人の御時までは無其沙汰事にて候。近年天文年中以来いでき申候。ことに死去したる人の上にも、被申人ある事にて候。いづれの祖師の仰にて候や、各の不審候。(7)

とあり、親鸞の思想とかけ離れた教説が展開されていたことも影響していると思われる。(8)しかし、現存するわずかな資料を手掛かりに、戦国期の人々が真宗の教えをどのように理解していたのかを明らかにしようとする研究があるので、以下、紹介していこう。

まず、「キリシタン文書」による研究からの指摘がある。(9)天文一八（一五四九）年、フランシスコ・ザビエルが布教活動を始めて以後、寛永七（一六三〇）年に布教活動が禁止されるまでの約一〇〇年間、日本でキリスト教が

宣教された。その間、イエズス会の宣教師たちは、書簡や報告書をヨーロッパに送って日本の様子を報告している。それらの中には、真宗の信仰内容について触れるものもあり、そこから当時の真宗信仰の一端を垣間見ることができる。

宣教師によれば、当時の真宗門徒の多くは庶民・農民によって形成され[10]、教団も非常に大きな勢力を持っていたために、彼らの伝道活動の障害になるとみなされていたようである[11]。しかも、真宗の門徒たちは非常に無知であると認識されていたようで、そのことについて『キリシタンが見た真宗』では、

このように、一向宗は、禅宗とは対極にあるものとして宣教師には、理解されていたようなのです。禅宗の人たちは、偉大な瞑想家であり、教義や経典解釈を中心に、きわめて論理的な仏教理解がなされていると言われます。それに対して一向宗は、「これらの人びとは甚だ無知です」と理解され、「彼等を論破することは容易です」と言われるのです。これによって一向宗が、論理的に仏教を学ぶような宗派ではないことが指摘されているのです[12]。

と述べられている。しかし、宣教師たちが伝道活動を続ける中で、真宗の認識は変化していったようで、例えば、キリスト教信者が真宗門徒を改宗させようとした時、以下のようなやり取りがあったようである。

彼女（真宗門徒）は或る人々からキリシタンになるようにと言われた時、勇敢にこう答えた。デウスと阿弥陀の間には差異はない、と。そして彼女はこう言った。なぜならもしデウスが無限であるなら阿弥陀も無限である。またもしデウスには初めも終わりもないなら、阿弥陀についても同様であることを認める。またさらにデウスが、人々の救済のために多くの苦しみを味わったのが真であるなら、阿弥陀もまた同じ目的のために、何

千年も非常にひどく辛い罰を償ったのである。それゆえ自分は、こんなに尊崇していて、そのために自分のすべての勤めを奉仕しようと思っている阿弥陀への礼拝を棄てなければならず、そして異国の新しい法を守らねばならぬ理由は見あたらない、と。[13]

※（ ）内は筆者註

彼女は最終的にキリスト教に改宗してしまうが、阿弥陀仏の寿命や法蔵菩薩の兆載永劫の修行への理解、また、阿弥陀仏に対する信心の堅固さなど、市井の一門徒である彼女が、真宗の教えを理解した上で念仏の教えに生きていた事実を知ることができる。このように、「これらの人びとは甚だ無知です」と認識されていた真宗門徒は、単に何も知らずに念仏していたわけではなく、ある程度の真宗理解に基づいて念仏生活を歩んでいたのである。

では、真宗の教えはどのように教示されていたのか、宣教師のヴァリニャーノは、真宗の布教活動について以下のように報告している。

日本人の最大の関心を得て、自らの宗派がもっとも多く迎えられる為に、彼等（仏僧）は、阿弥陀や釈迦が、人々に対していかに大いなる慈愛を示したかを強調し、（人間の）救済は容易なことであるとし、如何に罪を犯そうとも、阿弥陀や釈迦の名を唱え、その功徳を確信さえすれば、その罪はことごとく浄められる。したがってその他の贖罪（行為）等はなんらする必要がない。それは阿弥陀や釈迦が人間の為に行った贖罪を侮辱することになると説いている。[14]

当時の布教においては、阿弥陀仏の大悲による救済が強調される様子を知ることができる。また、「したがってその他の贖罪（行為）等はなんらする必要がない」との部分は、行者の行為として念仏以外を認めない真宗の専修性が捉えられているのであろう。

また、キリシタンの報告の中には、六字名号の解釈についての言及が見られる。

我等が当博多に着きたる頃、会堂附近の住民はその家に有する鐘の音に連れて、毎朝および夕刻高声に偶像に対する祈禱を歌ひたるが、この祈禱は繰返して一時間またはそれ以上に及びたり。祈禱の声は南無阿弥陀仏にして、阿弥陀は偶像の固有名詞、仏は贖主といふこと、南無は我等を救へよといふことなり。このゆえに祈禱の三部を合すれば、贖主なる阿弥陀よ、我等を救へ、といふ意味となる。[15]

ここで注目されるのは、南無の意味を「南無は我等を救へよといふことなり」と記していることである。真宗的解釈であれば、親鸞の解釈を受けて「南無＝阿弥陀仏からの喚び声」と取るのが通常であり、「我を救え」という祈願的理解は異義とされるが、ここでは衆生からの請求として「南無」が理解されている。勿論、宣教師たちの報告であるから、これらを当時の真宗理解のすべてとするのは早計であるが、当時の真宗信仰がこのように見られていたことは認識しておく必要があろう。

次に、豊臣秀吉の朝鮮出兵に同行した真宗僧慶念が記した日記（『朝鮮日々記』）による指摘を紹介しよう。『朝鮮日々記』は大分県臼杵市の安養寺に所蔵されているもので、内藤雋輔氏が「僧慶念の『朝鮮日々記』について」（『朝鮮学報』第三五輯［一九六五年］）を発表して以来、活発に研究されるようになった。[16] ここでは本論文の性格上、これらの中から慶念の学問水準や教学内容について指摘しているものだけを紹介しておく。

まず、慶念がどのような典籍を依用しているのかに注目した早島有毅氏の指摘を紹介しておく。[17] 早島氏によると、慶念が引用する聖教は、浄土三部経の『無量寿経』『観無量寿経』『阿弥陀経』、親鸞撰述の『教行信証』（正信偈を含む）『三帖和讃』『愚禿鈔』『浄土文類聚鈔』、覚如撰述の『口伝鈔』『報恩講私記』、存覚撰述の『持名鈔』『浄土真要鈔』『浄土見聞集』、蓮如撰述の『御文章』、その他『安心決定鈔』である。そして、早島氏の指摘で興味深いのは、三部経や『御文章』を除けば、これらは蓮如が書写し授与した聖教と重なるとする点である。つまり、慶念においては、本願寺から授与される聖教というある種の限定が、思想を形成する上で存在していたということになる。この他、早島氏は慶念が引用する古典や和歌・謡曲などについて、これらを読破したことはあったとしても、その基盤には幼学の書(『千字文』『新楽府』『百詠』『和漢朗詠集』など幼少から学ぶもの)の存在があったとしている。早島氏は、このことは覚如などから続く公家の一員としての本願寺の教養を、慶念がある程度身につけていたことを意味しているとし、歴史的連続性をもって慶念の教養を明らかにしている点は興味深い。

次に、慶念の信仰内容に踏み込んで考察している大桑斉氏の指摘を紹介しておく。[18] 大桑氏の指摘で注目されるのは、慶念が「あさまし」との言葉を使う意味内容である。慶念の言う「あさまし」については、本願を信じようとしないことや煩悩具足であることを指す場合があるが、大桑氏は慶念の特徴的用法として以下のように指摘する。

以上のように、慶念に特有の「あさまし」は、救済者であり善知識である本願寺宗主への絶対的信順を前提にして、自己の置かれた状況や、それによって報謝行が実践できないことを意味し、さらには善知識の御定にもれ地獄へ堕すること、へと展開していることが明らかになった。罪業性の自覚と見えるものも、かかる善知識帰依の信仰との関連で考えられねばならない。

つまり、慶念の信仰には善知識帰依(特に顕如が重視される)が前提となっており、その上で「あさまし」の思いが形成されているとするのである。この他、慶念が門主の命日に報恩謝徳の行為を行っていることに触れる中で、以下のような指摘も行っている。

ちなみに、蓮如のそれは二十四・二十五日で、一日顕如と重なることもあってか、まったく意識されておらず、その名も見えなければ、若干の用語や取意の文を除けば、『御文』等からの引用文もないというように、蓮如は存在感がない。中興上人蓮如という現代の位置づけからすれば、この時期にまったく姿が見えないことは実に不思議で、このこと自体問題とされねばならないことである。ここではただ、慶念において蓮如は問題になっていないという事実を示しておくにとどめる。

蓮如が戦国期真宗僧の中に大きく位置づけられていないという指摘は、教学史の視点から見ても実に興味深い。大桑氏の指摘通りであるかどうかは検討すべきであるが、教学史上の蓮如の位置づけについて問題提起している点は傾聴すべきである。(19)

以上、早島氏と大桑氏との二氏の論から慶念の思想を見てきたが、慶念は本願寺から授与された聖教とその伝統的教養に精通し、善知識帰依を前提としていた人物であったことが知られる。特に早島氏の指摘する引用典籍からの指摘は、教学の歴史に関連する客観的事実を提示するものであり注目される。

では、同じように戦国期を生きた学僧慶秀はどのような典籍を用いながら思想を形成していたのであろうか。

三、慶秀の生涯と先行研究について

慶秀は永禄元（一五五八）年三月一日、生島弥六郎の二男として大和の俗家に生まれた。幼少のころより真宗に帰依したようで、元亀三（一五七二）年に本願寺顕如のもとで得度し、「慶秀」と名乗ったという。その後、慶秀は顕如の息子である教如に取り立てられ、教如は寺内にあった長福寺を慶秀に与え、御堂衆に列したという。また、徳川家康から大和の地（新家）が与えられ、そこに長福寺を建立し、後には大和の赤部に隠居したという。隠居地は後に長福寺と呼ばれるようになった。そして、慶秀は慶長十四（一六〇九）年三月十六日に五十二歳で示寂した。[20]ちなみに、石山合戦を、三好三人衆を擁護して信長と対抗した元亀元（一五七〇）年の戦いに始まると見た場合、慶秀の得度は石山合戦の最中となる。まさに戦国期の学匠として位置づけることができる。また、西谷順誓氏も、慶秀について、

慶秀を前田博士の（『学事史』）の意は本派とし、住田智見氏の『先輩学系略』（『無尽灯』九の十一所掲）には大谷派に属す、然るに予は、公を以て単に真宗の学者にして、何派にも属せしめざるを妥当と考ふ、蓋し公の正信偈三帖和讃両私記の著年が、東西本願寺分立の歳たる慶長八年を去る事僅かに再三年以後なりしより推して、公は夫以前既に法器を為しし人なるを知るべければ也。[21]

と述べており、慶秀は東西分派以前に教学を研鑽したと位置づけていることも、慶秀を戦国期の学匠と見る筆者の理解が強引なものでないことを示していよう。

四、『正信念仏偈私記』の内容について

慶秀の著作については、井上哲雄『真宗学匠著述目録』に、六種類の著作が挙げられているが、[22]慶秀の著作は宗学における註釈書の嚆矢となる著作が多く、本論文で取り上げる『正信念仏偈私記』（以下、『私記』とする）もそ

の一つである。本書は、その奥書から慶長十（一六〇五）年に成立したものを、明暦二（一六五六）年に刊行したことが知られる。慶秀の没年が慶長十四（一六〇九）年であるから、没後五十年ほどしてから出版されたことになる。恐らく、慶秀の在世時には未だ学匠の著述を出版するだけの機運が整っていなかったために、慶秀没後かなり時間が経過してからの出版となったと考えられる。

さて、『私記』に使用されている真宗関連の典籍を抽出すると、以下のような傾向がある。

○浄土三部経系統

「浄土三部経」が使用されるのは当然として、『大阿弥陀経』『平等覚経』『無量寿如来会』『荘厳経』『称讃浄土経』の異訳三部経も使用されている。

○七高僧の著作

七高僧の著作については、「正信偈」に依釈段（七高僧について述べる段）があることから、七高僧すべての著作が使用されている。

○親鸞の著作

親鸞の著作は『教行信証』と『浄土文類聚鈔』のみが見られ、それ以外、和語聖教などは使用されない。

○歴代宗主（存覚を含む）の著作

歴代宗主の著作については、覚如『改邪鈔』と存覚『弁述名体鈔』の使用が見られるが、それ以外には、存覚『六要鈔』の使用頻度が高いことが特記される。管見の限りでは、『私記』には十六箇所の『六要鈔』使用が確認される。慶秀における『六要鈔』重視の姿勢として注目される。

以上が、『私記』に見られる真宗関連の引用典籍の傾向である。しかし当然のことながら、これら真宗関連以外の典籍も使用されている。例えば、『私記』に以下のような典籍の使用が見られる。

対法論《ノ》二《ニ》云於《テ》二真如《ニ》一有二七種《ノ》異名一也謂《ク》真如《ト》無我性《ト》空性《ト》無相《ト》実際《ト》勝義《ト》法界《トナリ》乃至諸法寂滅《ナルヲ》名二無相《ト》上已。又大般若《ノ》第二百九十六《ニ》於《テ》二真如《ニ》一説二十一種《ノ》名《ヲ》一其中《ノ》随《ノ》一《ヲ》言《リ》二平等性《ト》一又理趣分《ノ》疏《ニ》云偏《スルカ》二諸法《ニ》一故《ニ》名《ク》二平等性《ト》上已(23)

ここでは『対法論』『大般若経』『理趣分疏』の使用が確認される。これらは真宗においては親しみのない典籍である。このような典籍を使用して、『私記』は解説を行っていることから、仏教学に対する広範な知識を持っていたと考えることができる。しかし、この文と全く同じ文面が、すでに浄土宗鎮西派良忠(一一九九〜一二八七)の『往生論註記』(以下『註記』とする)に確認することができる。『註記』には以下のようにある。

対法論《ノ》二《ニ》云於《テ》二真如《ニ》一有二七種《ノ》異名一也謂《ク》真如《ト》無我性《ト》空性《ト》無相《ト》実際《ト》勝義《ト》法界《トナリ》乃至諸法寂滅《ナルヲ》名二無相《ト》上已。又大般若《ノ》第二百九十六《ニ》於《テ》二真如《ニ》一説二十一種《ノ》名《ヲ》一其中《ノ》随《ノ》一《ヲ》言《リ》二平等性《ト》一又理趣分《ノ》疏《ニ》云偏《スルカ》二諸法《ニ》一故《ニ》名《ク》二平等性《ト》上已(24)

一見してわかるように、『私記』と『註記』の引用配列とその範囲とは全く同じである。つまり、『私記』は『註記』の文章を転載したにもかかわらず、それを断ることなく自分の註釈としているのである。このような傾向は『私記』の随所に確認できる。煩瑣になるので以下の二例に止めて紹介しておこう。

まず、一見すれば『私記』独自の解釈に見える箇所が、実は転載である部分を紹介しよう。以下は『私記』の文である。

此文意者《ハ》言二金剛心《ト》一者金剛喩定也等覚位《ノ》観《ニ》達《シテ》二無始無明《ノ》源底《ヲ》一入《ル》二於紗覚無念極位《ニ》一其《ノ》無礙道《ヲ》名《ク》二金剛喩定《ト》一言二相応一念《ト》一者即指《スナリ》二金剛心《ヲ》一大品経《ニ》云一念相応《ノ》慧《ヲモテ》断《ス》二余残習《ヲ》上已 智論九十二云是菩薩摩訶薩具《シ》二足六波羅蜜三十

七《ノ》道法《ヲ》一具二足《シ》仏《ノ》十力四無所異四無礙智十八共法《ヲ》一具二足《シテ》 住《スルコト》三 如金剛三昧《ニ》一用《テ》二一念相応《ノ》慧《ヲ》一得《ル》二阿耨多羅三藐三菩提《ヲ》一是時《ヲ》名《テ》為レ仏《ト》一切《ノ》法《ノ》中《ニ》得二自在《ヲ》一已上(25)

この一文を読めば、この「正受金剛心」「相応一念」の解釈は、『私記』独自のものと理解するだろうが、これも良忠の『観経疏伝通記』に全く同文が存在する。つまり、

正受金剛心《ト》者金剛喩定也等覚位《ノニ》観二達《シテ》 無始無明《ノ》源底《ヲ》一入《ル》二於紗覚無念極《ノ》位《ニ》一其《ノ》無礙道《ヲ》名二金剛定《ト》一相応一念《ト》者即指《ス》二金剛心《ヲ》一大品経《ニ》云一念相応慧《ノヲモテ》 断《スト》二余残習《ヲ》一智論九十二《ニ》云是《ノ》菩薩摩訶薩《ハ》具二足《シ》六波羅蜜三十七《ノ》助道法《ヲ》一具二足《シ》仏《ノ》十力四無所畏四無礙智十八不共法《ヲ》一具二足《シ》住《シテ》三如金剛三昧《ニ》一用《テ》二一念相応《ノ》慧《ヲ》一得二阿耨多羅三藐三菩提《ヲ》一是時《ヲ》名《テ》為レ仏《ト》一切《ノ》法《ノ》中《ニ》得《タリト》二 自在《ヲ》一(26)

である。(27)

次は、『私記』では「相伝」とされているが、実はこれも良忠の解釈である例である。以下は『私記』にある問答である。

問二門得名其義如何答相伝《ニ》云《ク》従レ凡至レ聖名為二聖道《ト》一従レ穢至レ浄称曰二浄土《ト》一倶《ニ》名《ルヿハト》レ 門者門《ハ》是出入義也謂出《テ、》二火宅一入《ル》二涅槃《ニ》一故(28)

この文を見る限り、真宗独自の相伝として伝えられた内容を引用しているように見えるが、良忠の『選択伝弘決疑鈔』に同様の文がある。

問二門《ノ》得名其《ノ》義如何答伝《ニ》云従レ凡至《ヲ》レ聖《ニ》名《テ》為《シ》二聖道《ト》一従《リ》レ穢至《ルヲ》レ浄《ニ》称《テ》曰二浄土《ト》一倶《ニ》名《ルハト》レ門者出入《ノ》義也謂《ク》出《テ》二火宅《ヲ》一入《ル》二涅槃《ニ》一故《ナリ》(29)

これだけ合致しているのであるから、『私記』は『選択伝弘決疑鈔』を転載していることは確実であろう。[30]

このように、『私記』は鎮西派系統の典籍を参照して著されたものと考えられる。[31]そのことをより明らかにするために作成したのが《資料Ⅰ》である。本表は、『私記』に引用される典籍を抽出し、鎮西派系註釈書と関連が見られるものなどについて、その出典を示したものである。またその中、真宗系統の典籍（三部経や七祖・親鸞などの著作）ではないものを網掛けで示した。《資料Ⅰ》を見ていただければ、『私記』に引用される真宗以外の典籍のほとんどが、鎮西派系統の註釈書と同文のものであることが理解されるだろう。

なお、ここでは『私記』のみで検討したが、『私記』に見られる傾向は慶秀『持名鈔私記』にも見られる。例えば『持名鈔私記』に次の文章がある。

①問。然ラバ十劫已前ノ衆生何ゾ阿弥陀仏三昧ヲ念行センヤ。答。此疑難ヲ遮センガ為ニ久遠実成ノ古仏トイフ。久遠ハコレ無始ノ義ヲ標ス。②有人ノ云。本覚ノ弥陀ヲ念スト云云。但シ此ハ是当家ノ料簡也。経文ニ准スルニ阿弥陀ノ三字ヲ加フルハ和尚ノ解釈ナリ。③経ニハタヾ過去諸仏持是三昧等ト説イテ阿弥陀トイハズ。然ルニ今三字ヲ加フル事ハコノ経ノ意弥陀ヲ以テ法門ノ主トス。故ニ総ヲ以テ別ニ従ヘテ念弥陀トイフ。必シモ皆弥陀ヲ念ストイフニハアラズ。乃至コレ一縁ノ説化ナルヘシ。衆生ノ得脱一門ニヨラザルカユヘニ。④有人ノ云。三字ヲ加ルハ平等意趣ナリト云々。[32]

※番号と下線は筆者による

この内容と同一のものが良忠の『観念法門私記』に見られる。つまり、

「念阿弥陀仏三昧」トハ、①問。十劫已前ノ衆生、何ゾ念阿弥陀仏三昧ヲ行ゼンヤ。答。③経ニハ「過去諸仏持是三昧」等ト云テ、「阿弥陀」ト云ハズ。今、「阿弥陀」ノ三字ヲ加フルコトハ、『般舟経』ノ意、阿弥陀ヲ

以テ法門主ト為ルガ故ニ、総ヲ以テ別ニ従テ三字ヲ加フルナリ。必シモ一切皆弥陀ヲ念ズルニハアラズ。念仏三昧経ノ如キハ、総ジテ諸仏ヲ念ジ、『観仏三昧経』ノ中ニハ別シテ釈迦ヲ念ズ。今、コノ経ノ中ニハ特ニ弥陀ヲ念ズ。コノ三経ノ文、各ノ一縁ニ逗ス。『十住論』ノ中ニ『般舟三昧経』ヲ引テ云ク、「般舟三昧ハ父、大悲無生ハ母ナリ」。一切ノ諸如来、コノ二法ヨリ生ズト。④有ルガ云ク、三字ヲ加ルコトハ、平等意趣ナリ。有ルガ云ク、過去ノ弥陀ヲ念ズルナリ。②有ルガ云ク、本地ノ弥陀ヲ念ズルナリ。有ルガ云ク、延促劫智ナリト云云。[33]

※番号と下線は筆者による

である。ここでは便宜的に番号を附したが、番号を対応させて見ると慶秀の『持名鈔私記』は良忠の解釈を入れ替えて配置していることが分かる。この傾向は前述の『私記』と同一のものであり、慶秀が鎮西系典籍を参考にしながら解説を行っていることは間違いないと考える。

五、まとめ

教学の歴史を考える場合、その当時の思想傾向や時代的課題、学問状況などをリアルに再現することが重要になってくる。当時の人は、ある意味で当時の時代的制約の中で思想を形成していたからである。そのことを意識せず、現在の感覚を当然のものとして過去の教学を見るならば、当時の教学の意味を見失ってしまうだろう。[34]

本論文では、当時の感覚をリアルに再現する方法として、引用典籍に注目した。その方法はすでに本論でも紹介した早島氏などが用いている方法ではある。本願寺から授与された聖教という制約のもとで慶念の思想が形成されたという早島氏の指摘は、戦国期真宗僧侶の思想を考える際に外してはならない指摘であることからも、その方法の有効性が知られるだろう。

本論文では、戦国期真宗学匠である慶秀の著作を調査したが、参照したと考えられる典籍は『六要鈔』と鎮西系典籍であった。『六要鈔』との密接な関係が真宗内のことであるだけに当然であるとしても、近世前夜の真宗教学が鎮西系典籍と密接な関係にあった事実は、教学史を考える上で十分に踏まえられるべきことであると考える。ただし、筆者はこの事実だけをもって近世真宗教学が鎮西教学と同一のものであったと言うつもりはない。鎮西教学との関係については、思想的な影響や相違点などを詳細に検討する必要があるが、それは今後の課題として残されている。ここでは、鎮西系典籍との関係に注目することが近世真宗教学の歴史を明らかにする一つの方法である、との提言を一応の結論として論を閉じておきたい。

《資料》慶秀『正信念仏偈私記』の引用典籍とその出典一覧

出拠	六要	引文	出典
巻一、一丁右		論註「夫菩薩帰…」	
巻一、一丁右		行巻「爾者帰大…」	
巻一、一丁左		往生礼讃「在一処分…」	
巻一、二丁右	●	六要鈔「正者対謗…」	
巻一、二丁右		文類聚鈔「念仏則是…」	

巻一、三丁右		経音義「伽陀此方…」	『浄土三部経音義集』
巻一、三丁右		慈恩伝「旧曰偈梵…」	『浄土三部経音義集』（右と連続）
巻一、三丁左		止観「慚愧以命…」	良忠『観経疏伝通記』
巻一、三丁左		弘決「尽命無悔…」	良忠『観経疏伝通記』（右と連続）
巻一、三丁左		無量義経注「有心衆生…」	
巻一、四丁右		九品義「帰身命於…」	良忠『観経疏伝通記』
巻一、四丁右		起信論疏「帰是敬順…」	良忠『観経疏伝通記』（右と連続）
巻一、四丁右		宗鏡録「夫帰云者…」	良忠『観経疏伝通記』（右と連続）
巻一、四丁右		大日経開題「命名無量…」	良忠『観経疏伝通記』（右と連続）
巻一、四丁右		教行信証「帰命云者…」	
巻一、四丁左		安楽集「問曰如来…」	
巻一、五丁右		法華文句「大論云如…」	良忠『往生論註記』にも同文あり
巻一、六丁右		弁述名体鈔「云不断一…」	
巻一、六丁左		慧心略記「常光一尋…」	良忠『観経疏伝通記』にも同文あり
巻一、七丁左		大経「棄国捐王…」	
巻一、八丁右		玄一「法蔵者此…」	聖冏『決疑鈔直牒』に同文あり
巻一、八丁右		翻訳名義集「肇曰菩薩…」	

巻一、八丁左		憬興「地上菩薩…」	了慧『大経抄』に同文あり
巻一、九丁右		義寂「旧本名樓…」	了慧『大経抄』、聖聰『大経直談要註記』
巻一、九丁右		憬興「於一切法…」	了慧『大経抄』、聖聰『大経直談要註記』（右と連続）
巻一、九丁右		玄一「世間利益…」	了慧『大経抄』、聖聰『大経直談要註記』（右と連続）
巻一、九丁左		問覚経「世饒王聞…」	了慧『大経抄』、聖聰『大経直談要註記』に同文あり
巻一、九丁左		義寂「二百一十…」	了慧『大経抄』に同文あり。直前の「是当化浄」も同文。
巻一、一〇丁右		有云「超地前世…」	
巻一、一〇丁左		彼記「経具足五…」	良忠『選択伝弘決疑鈔』。「彼記」との表記も同じ。
巻一、一〇丁左		荘厳経「即時会中…」	良忠『選択伝弘決疑鈔』（右と連続）
巻一、一〇丁左		弘決「思惟云者…」	聖冏『伝通記糅鈔』に同文あり
巻一、一〇丁左		大経「我至成仏…」	
巻一、一一丁右		憬興「無量光仏…」	
巻一、一二丁右		改邪鈔「以正定業…」	
巻一、一二丁左		和讃記「委如和讃記」	慶秀『三帖和讃私記』
巻一、一二丁左		如来会「若我成仏…」	
巻一、一二丁左		法華玄「大経云涅…」	聖聰『大原談義聞書鈔見聞』に同文あり
巻一、一三丁右		唯識論「涅槃有四…」	

巻一、一三丁左		黒谷「滅度云者…」	聖聰『大経直談要註記』に同文あり
巻一、一四丁右		大経「如来以無…」	
巻一、一四丁右		小経「当知我於…」	
巻一、一四丁左		称讃経「我観如是…」	
巻一、一四丁左	●	六要鈔「論其出世…」	
巻一、一五丁左		教行証「言海者従…」	
巻一、一五丁左		註十疑「一劫濁名…」	了慧『論註拾遺鈔』
巻一、一五丁左		悲華経「八万歳至…」	了慧『論註拾遺鈔』（右と連続）
巻一、一六丁右		華厳経「譬如大海…」	良忠『観経疏伝通記』に同文あり、同範囲を引用
巻一、一七丁右		如来会「若聞彼仏…」	了慧『大経抄』
巻一、一七丁右		荘厳経「得聞無量…」	了慧『大経抄』（右と連続）
巻一、一七丁右		毘婆娑論「信有二種…」	
巻一、一七丁右		註論「荘厳清浄…」	
巻一、一八丁左		唯識論「云断所知…」	聖冏『浄土略名目図見聞』
巻一、一九丁右		論「由故意業…」	聖冏『浄土略名目図見聞』（右と連続）
巻一、一九丁左		華厳経「初発心時…」	聖冏『二蔵義見聞』に同文あり、同範囲を引用
巻一、二〇丁右		弥勒問経論「遠離聖人…」	聖冏『釈浄土二蔵義』に同文あり、同範囲を引用

巻一、二〇丁右		翻訳名義集「波羅堕言…」	聖冏『釈浄土二蔵義』（右と連続）
巻一、二〇丁左		「聖人者聖…」の釈	聖冏『釈浄土二蔵義』に同旨の文あり
巻一、二〇丁左		「五逆者依…」の釈	聖冏『二蔵義見聞』に同文あり
巻一、二一丁右		薩遮尼乾子経「一者破戒…」	聖冏『二蔵義見聞』（右と連続）
巻一、二一丁左		天台梵網義記「略有四種…」	良忠『往生論註記』に同文あり、省略なども全同
巻一、二二丁左		玄義「正由於訖…」	
巻一、二二丁左	●	六要鈔「就云斉入…」	
巻一、二三丁右		論註「如海性一…」	
巻一、二三丁左		元照小経疏「我輩処仏…」	良忠『法事讃私記』聖聰『小経直談要註記』に同文あり
巻一、二四丁右		経「聞法能不…」	
巻一、二四丁左		義寂「聞法能不…」	聖聰『大経直談要註記』に同文あり、同範囲を引用
巻一、二四丁左		経「横截五悪…」	
巻一、二四丁左		浄影釈「今此約対…」	聖聰『大経直談要註記』に同文あり、横截五悪趣の釈
巻一、二五丁右		授決集「合則五道…」	
巻一、二五丁左		本願文「十方衆生…」	
巻一、二五丁左		経「聞其名号…」	
巻一、二六丁右	●	六要鈔「分陀利云…」	

巻一、二六丁左	●	六要鈔「此法華経…」	
巻一、二六丁左	●	六要鈔「涅槃経云…」	
巻一、二七丁右		浄影「覚有二義…」	良忠『観経疏伝通記』に同文あり、同範囲を引用
巻一、二七丁左		瑜伽論「言邪見一…」	良忠『往生要集義記』に同文あり
巻一、二七丁左		倶舎頌「驕由染自…」	聖冏『釈浄土二蔵義』
巻一、二八丁右		釈「蔑他爲義」	聖冏『釈浄土二蔵義』（右と連続）
巻一、二八丁右		頌疏「一慢二過…」	聖冏『釈浄土二蔵義』（右と連続）
巻一、二八丁左	●	六要鈔「光記釈云…」	
巻一、二九丁右	●	六要鈔「言前三者…」	
巻二、三〇丁右		経音義「天竺或云…」	
巻二、三〇丁右		宋韻「大也」	
巻二、三一丁右		補註「楞伽此云…」	『翻訳名義集』
巻二、三一丁右		彼経「我乗内証…」	聖冏『二蔵義見聞』に同文あり、同範囲を引用
巻二、三一丁右	●	六要鈔「此経文意…」	
巻二、三一丁左		瑜伽論「無自利利…」	『翻訳名義集』に同文あり
巻二、三一丁左		集註「上求下化…」	
巻二、三二丁右		易行品「仏法無量…」	

巻二、三三丁左		毘婆娑論「称名憶念…」	
巻二、三四丁右		清涼「如碓上下…」	良忠『往生論註記』に同文あり
巻二、三四丁右		浄土論「我依修多…」	
巻二、三四丁右		論註「修多者十…」	
巻二、三五丁右		浄土論「云何回向…」	
巻二、三五丁右		論註「回向有二…」	
巻二、三五丁右	●	六要鈔「問所言回…」	
巻二、三七丁右		嘉祥「以宝蓮華…」	良忠『観経疏伝通記』に同文あり
巻二、三七丁右		摂論「世間世界…」	良忠『観経疏伝通記』（右の直前にあり）
巻二、三七丁左		浄土論「見彼仏未…」	
巻二、三七丁左		論註「平等法身…」	
巻二、三八丁右		文類聚鈔「寂滅平等…」	
巻二、三八丁右		対法論「於真如有…」	良忠『往生論註記』に同文あり
巻二、三八丁右		大般若「於真如」	良忠『往生論註記』（右と連続）
巻二、三八丁右		浄土論「入第二門…」	
巻二、三八丁左		浄土論「入第三門…」	
巻二、三八丁左	●	六要鈔「問蓮華蔵…」	

巻二、三九丁右		理趣分疏「遍諸法故…」	良忠『往生論註記』に同文あり
巻二、三九丁左		大論「菩薩有二…」	良忠『観経疏伝通記』に同文あり
巻二、四〇丁右		浄土論「出第五門…」	
巻二、四〇丁右		智光疏「応化身者…」	良忠『往生論註記』に同文あり（同範囲を引用）
巻二、四〇丁左		迦才浄土論「沙門曇鸞…」	
巻二、四一丁右		白虎通「王者父天…」	湛叡『華厳演義鈔纂釈』に同文あり
巻二、四一丁右		新修往生伝「初鸞好為…」	
巻二、四三丁右		論註「但以信仏…」	
巻二、四三丁右	●	六要鈔「生死即是…」	
巻二、四三丁左		平等覚経「必至無量…」	
巻二、四四丁右		浄影大経疏「衆多生死…」	聖聡『大経直談要註記』に引用あり
巻二、四四丁右		安楽集「有二種勝…」	
巻二、四四丁左		相伝「従凡至聖…」	良忠『選択伝弘決疑鈔』に同文あり
巻二、四四丁左	●	六要鈔「同釈之中…」	
巻二、四五丁右		廣「方剣切損…」	
巻二、四五丁右	●	六要鈔「同釈之中…」	
巻二、四五丁右		安楽集「一者信心…」	

巻二、四六丁右		「一生等」以下	『六要鈔』と同文
巻二、四六丁右		「安養者」以下	良忠『観経疏伝通記』と同文の解釈
巻二、四七丁左		玄義分「報法高妙…」	
巻二、四七丁左		教行信証「夫安楞厳…」	
巻二、四八丁右		玄義分「定即息慮…」	
巻二、四八丁左		礼讃「以光明名…」	
巻二、四八丁左		教行信証「無徳号慈…」	
巻二、四八丁左		肝要説「聖人言今…」	
巻二、四九丁右		礼讃「弥陀智願…」	
巻二、四九丁右		玄義分「正受金剛…」	
巻二、四九丁右		「言金剛心者」以下	良忠『観経疏伝通記』と同文の解釈
巻二、四九丁左		大品経「念相応慧…」	良忠『観経疏伝通記』（右と連続）
巻二、四九丁左		智論「是菩薩摩…」	良忠『観経疏伝通記』（右と連続）
巻二、五〇丁右		梁摂論「有四義故…」	良忠『観経疏伝通記』に同文あり
巻二、五一丁右		観経「以仏力故…」	
巻二、五一丁右		観経「応時即見…」	
巻二、五一丁右		序分義「心歓喜故…」	

巻二、五一丁左	●	六要鈔「言喜忍者…」	
巻二、五二丁右		有云「韋提直見…」	
巻二、五二丁左		玄義分「捨此穢身…」	
巻二、五二丁左	●	六要鈔「捨此等者…」	
巻二、五三丁左		往生要集「問菩薩処…」	
巻二、五四丁右		往生要集「極重悪人…」	
巻二、五四丁右		有記「後一条院…」	良忠『往生要集義記』に同文あり
巻二、五四丁左		往生要集「一一光明…」	
巻二、五五丁右		選択集「生死家以…」	
巻二、五五丁左		大経「彼仏国土…」	
巻二、五五丁左		法事讃「極楽無為…」	

註

（1）室町時代の「正信偈」研究については、宮崎円遵「室町時代における『正信偈』の註疏」（『真宗書誌学の研究』〔一九四九年、永田文昌堂〕）が唯一のものと思われる。宮崎氏は論文の中で「如上の『正信偈』の一般流布はやがてそれの註疏を数多く現出せしめたのであるが、それらはすべて、少なくとも私の管見に入ったものは、その釈は『六要鈔』に源流し、それに依りつつさらに敷演したもので、『六要鈔』はここに新しい意味を以て再生して来たわけである」と述べ、室町期の「正信偈」註釈も、そのほとんどが存覚『六要鈔』を敷衍したものであるとしており、筆者の言ういわゆる教学研鑽が存覚以後あまり活発に行われていないことを証している。

(2) 西谷順誓『真宗教義及宗学之大系』[一九一一年、興教書院] 一七〇頁。
(3) この他、広瀬南雄は「然るに本願寺は蓮如上人中興の後を承けて、その威、遙かに諸宗諸派に超え、当時あたかもその実力に於いて教界に覇者たるが如きの観を存していたが、然も本来信仰を中心とする庶民の宗教として、主知的学解に渉らざるを以て特色としたりしものなるが故に、徳川氏の初期なお未だ学堂檀林等、他に見るが如き修学設備の構えらるるのあるを見なかった」(『真宗学史稿』[一九八〇年、法蔵館] 一七頁) と述べ、庶民宗教である真宗においては、教学研鑽の必要性を感じていなかったとしている。また、『親鸞大系』(歴史編第巻八「戦国期の真宗教団」) の解説においても、「本書の構造は、おおよそ以上のような事情のなかで創出されたわけであるが、研究史上の展望として附言するならば、真宗の有する宗教性・宗教思想と教団発展との関わりを検討した論稿をほとんど見出すことができなかった。中世後期の農民や社会に対して本願寺に内在している宗教性が何らの影響力をもたなかったとは考えられないことであるが、それは今後の課題として残されているようである」(福間光超) とあり、思想面に関する研究の希薄さが課題とされている。
(4) 『浄土真宗聖典全書』巻五、九九五頁。
(5) 同右。
(6) あるいは、『紫雲殿由縁記』には、当時の本願寺の有様として、「然ルニ子達ヲ始メ信施ヲ何トモ不レ思、祖師血脉ユエ持運テ与ヘルト計思ヒ、法徳トモ冥加トモ不レ思、地頭領主ノ年貢所当ヲ取り収ムル様ニ計リ思ル、心底コソ、哀レニモ笑止ナリ、唯我慢ニ驕リタカフリ、同行ヲ虐ケ財施ヲ貪ラル丶、血脉ト尊敬スルモ、法ヲ大節ニ信仰スルカラナレハ、何ソ血脉計ニ驕慢セラル、コトコソ痛哉、勿体ナキ心ナリ」(『真宗全書』巻七〇、一二八頁) と、法を伴っていない血脈のあり方が批判されているのも、当時の本願寺の学問・法義状態を知る一例であろう。
(7) 『浄土真宗聖典全書』巻五、一〇一一頁。
(8) ただし、例えば『光闡百首』に「兼玄は、かしこく世芸に心をかけ、歌鞠の道までも、家々の風をまなび給、予も婭熱のよしみあれば、たがひにまじはりうとからざりし。これによりて大永五年正月廿八日、『六要鈔』読書ののぞみもおなじく実如に申あげ、恩怨に預り、一部十巻伝受せしめをはりぬ。抑幼稚の時より先考の教へをうけ奉り、十一歳のとき「浄土三部妙典」・『選択集』授与のゝち、和漢両朝の祖師先徳の所釈等ならひつたへ、廿三歳にいたるまで、常随給仕の勤めをこたらず、十八歳の時出家得度の本意をとげ、貴寺にをひて、『浄土文類聚鈔』・『愚禿鈔』の両部、慶聞坊竜玄にしたがひ伝受、おなじく廿五歳にして本書『教行信證』一部六巻、誓願寺了祐相伝、いづれも実如上人恩許にあづかり奉るゆへ也」(『浄土真宗聖典全書』巻五、一一六五頁)とあるように、聖教の伝授自体は継続していたことが知られる。

(9)『キリシタンが見た真宗』[一九九八年、真宗大谷派宗務所出版部]参照。この他にも、不干斉ハビアンの著した仏教批判書『妙貞問答』から考察するものとして、前川健一「『妙貞問答』の仏教理解」(『清泉女子大学キリスト教文化研究所年報』一九[二〇一一年])、那須英勝「不干斎ハビアンの一向宗批判—キリシタン知識人の見た徳川黎明期の浄土真宗—」(『印度学仏教学研究』五三(二)[二〇〇五年])、同「不干斎ハビアンの浄土教批判—『妙貞問答』における浄土四義説の受容—」(『印度学仏教学研究』五〇(二)[二〇〇二年])、大川英喜「『妙貞問答』に見る浄土教—特に極楽・阿弥陀仏の解釈を中心に—」(『大正大学浄土学研究室大学院研究紀要』九[一九八三年])などがある。

(10)永禄四(一五六一)年八月一七日付「ガスパル・ヴィレラ書簡」に、「一人は約三百七十年前に死せりと伝へられ、イッコショ〈一向宗〉と称する宗派を創めたり。此宗派は信者多く庶民の多数は此派に属す」(『キリシタンが見た真宗』二二六頁)とある。

(11)天正六(一五七八)年九月三十日付「オルガンティーノ書簡」に、「かの大坂の邪悪な宗派である一向宗は当地方においてデウスの教えが抱える最大の障害の一つであるが故に、願わくば我らの主(なるデウス)が右の通りになるよう計り給わんことを」(『キリシタンが見た真宗』二四二頁)とある。

(12)『キリシタンが見た真宗』九九頁。

(13)慶長元(一五九六)年一二月一三日付「フロイス書簡」(『キリシタンが見た真宗』二六五頁)

(14)ヴァリニャーノ『日本巡察記』(『キリシタンが見た真宗』二四八頁)

(15)天正四(一五七六)年九月二八日付「ベルショール・デ・フィゲイレド書簡」(『キリシタンが見た真宗』二四〇頁)

(16)『朝鮮日々記』に関する研究には、藤木久志『日本の歴史—織田・豊臣政権』[一九七五年、小学館]、内藤雋輔

『文禄・慶長の役における被擄人の研究』［一九七六年、東京大学出版会］、北島万次『朝鮮日々記・高麗日記―秀吉の朝鮮侵略とその歴史的告発』［一九八二年、そしえて］、是永幹夫「慶念『朝鮮日々記』の研究」（『青丘学叢』三号［一九九三年］）、水谷瞭「僧慶念の『朝鮮日々記』雑感―人買いと鼻削ぎ―」（『生活文化史』三〇号［一九九六年］）、宮下良明「太田飛騨守一吉と釈慶念の『朝鮮日々記』」（『佐伯史談』二〇九号［二〇〇九年］）などがあり、『朝鮮日々記を読む―真宗僧が見た秀吉の朝鮮侵略―』［二〇〇〇年、法蔵館］には、岡村喜史「『朝鮮日々記』の諸本」、早島有毅「慶念の生涯と文化的素養」、中尾宏「丁酉・慶長の役戦場と慶念―『朝鮮記』と対比して」、本多正道「慶念の系譜を探る―豊後・日向・三河―」、大桑斉「善知識と「あさまし」の思想」、平田厚志「「うき世」から「ミやこ」への旅路」、大取一馬「自照文学としての『朝鮮日々記』」、早島有毅「豊臣政権の寺社政策―朝鮮侵略の背景として―」、草野顕之「本願寺教団の朝鮮進出―関連史料を読む―」が収録されている。

(17) 前掲、早島論文［二〇〇〇年］参照。

(18) 前掲、大桑論文［二〇〇〇年］参照。

(19) 筆者も教学史上の蓮如の位置づけについて検討し、その中で大桑氏の見解についても言及したので参照されたい（拙稿「真宗教学史における蓮如の位置づけに関する一試論」〈『宗学院論集』八七号［二〇一五年］〉）。

(20) 慶秀の生涯については、『仏教大辞彙』と『真宗学史稿』とを参照した。

(21) 西谷順誓『真宗教義及宗学之大系』二一〇頁。

(22) 『真宗学匠著述目録』には、『安心決定鈔私記』『御伝鈔私記』『三帖和讃私記』『正信偈私記』『正信偈私記略評』『持名鈔私記』が挙げられている。

(23) 『私記』巻二、三八丁右。

(24) 『往生論註記』（『浄土宗全書』巻一、三一四頁）。

(25) 『私記』巻二、四九丁右。

(26) 『観経疏伝通記』（『浄土宗全書』巻二、九八頁）。

(27) この箇所については、末尾の「已上」との記述から、『私記』が『伝通記』の書名を出し忘れただけとも理解できる。しかし、『伝通記』にない「此文意者」が『私記』の文頭に置かれたり、『私記』には『大智度論』引用の直前に「已上」が付加されるなど、単に書名を出し忘れただけとは考えにくい点がある。よって、恣意的に転載したと判断してここに取り上げた。

(28)『私記』巻二、四四丁左。

(29)『選択伝弘決疑鈔』(『浄土宗全書』巻二、九八頁)。

(30)ここでの「相伝」については、後代の空誓(一六〇三〜一六九二)の『浄土真宗私問答』に以下のような用例がある。「問う、自余の浄土宗の意、必ず来迎を期するや。答う、来迎を期すると雖も、また来迎なけれども往生を得と許す。則ち相伝に云く、『述聞鈔』[良暁作]に云く、〈問う、第十八願の機、もし来迎の願なければ往生すべからずや。答う・・・〉」(上末、九丁右)。ここで空誓は、良暁の『浄土述聞鈔』(『浄土宗全書』巻一一、五四八頁下)を引用しているが、『述聞鈔』の解釈を「相伝に云く」としている。このことから、近世初期の用語として、「相伝」とは浄土宗の解釈を指す可能性があることを付記しておく。

(31)『私記』には『経音義』の引用があり、「已上」と区切った上で『慈恩伝』が引用されるが(巻一、三丁右)、これは『浄土三部経音義集』に一連の引用がある。つまり、「已上」で区切って『慈恩伝』は独自に引用したように見えるが、実は『浄土三部経音義集』(大正五七、三九〇頁上・五行目)からの転載である。これらの例は多数見られ、他にも『私記』に世自在王仏について解釈する箇所(巻一、九丁右)があり、義寂・憬興・玄一の一連の引文が見られる。これは了慧『大経抄』に同じ一連の引文が見られる(『浄土宗全書』巻一四、五四頁上・一二行目)のでこれを転載したものと思われる。加えて同箇所に引用される『問覚経』も了慧『大経抄』の直後に見られる(『浄土宗全書』巻一四、五六頁中・六行目)。他にも聖冏の『釈浄土二蔵義』からの転載など、鎮西系統からの転載が多く見られる。詳しくは本論文末尾の資料を参照されたい。

(32)『真宗大系』巻二八、一六九頁下。

(33)『浄土宗全書』巻四、二七一頁下。

(34)同じ問題については、拙著「三業惑乱研究に関する方法論の一考察」(『龍谷大学仏教文化研究所紀要』五一号[二〇一三年])にも触れたので、詳しくはそちらを参照されたい。

真宗教学史における大行論の研究
――陳善院僧樸とその門弟――

恵美智生

序論

今日の真宗教学は、宗祖親鸞聖人（以下親鸞）が『顕浄土真実教行証文類』（以下『本典』）及びその他の著述に明かされた浄土真宗の法義について、歴代を始めとする伝統と江戸期の学僧の研鑽の基に形成されている。

その真宗教学の中に、親鸞の説く大行をいかに領解すべきかを論じる大行論があり、これまで様々に研究(1)がなされている。しかし、江戸期の真宗学僧について必ずしも各学僧の教学内容の全容が解明されていない側面もあり、未だ議論されるべき課題があると筆者は考える。よって本論文では、真宗教学史の中でも重要な位置づけにある僧樸の教学を通して、江戸期の学僧がいかに親鸞の大行を領解し、そこにはいかなる問題意識があったのか、その思想背景を含めた有機的連関性を中心にして、その要因を考察してみようと思う。またその際には、僧樸の門弟たちの提示する真宗教学の諸問題への指摘も含め、適宜関連する諸説を参照しつつ検討していきたい。

第一章　僧樸教学とその背景

ここでは、先ず僧樸に対する先行研究を採り上げ、その上で僧樸の行実及び大行論を中心とする教学の考察へと論を進めていくこととしたい。真宗本派学系図に依れば江戸期の学派分裂は僧樸(2)（一七一九〜一七六二）に始まる。僧樸はその門下に数多の学僧を輩出し、後にその門弟達が後に主要な学派を形成していくことから、その教学史上の位置付けは重要であるといえよう。しかし稀代の教育家として知られる一方、僧樸の教学それ自体に関する研究は乏しい。その要因は、僧樸の学説が師である五代目能化法霖（一六九三〜一七四一）に依憑し、特徴がないと見なされてきた点にある。しかし、僧樸とその周辺に関して必ずしも明瞭でない側面もあることから、考察の余地があると考えられる。

第一節　先行研究概観

僧樸の教学を検討する前に、先学の僧樸への評価を概観する。始めに真宗教学史研究の発端と位置付けられる前田慧雲氏は、教学史研究の発端と位置付けられるであろう。歴代能化から三業惑乱期、学派分裂期にかけての学僧とその著述及び学系を明らかにし、真宗教学を歴史的に整理した。その前田氏は、僧樸を学派成立の根幹と位置付けるものの教学への言及はない。(3)次に鈴木法琛氏は、前田氏と同様に歴代能化から江戸末期にかけての学僧の教学を概説し、また親鸞在世時から江戸期までの異義を異安心史として紹介している。しかし歴代能化以外の学僧については略伝と僅かな著述を挙げているが、学説の考察がなく僧樸も後世の宗学の淵源として評価するのみに留まる。(4)続く西谷順誓氏は、親鸞と歴代、江戸期の本派、大派、高田派の学僧の当時の状況を踏まえ論述し、僧樸を教格論研究の発端と位置付けるが教学への言及はない。(5)続く廣瀬南雄氏は、江戸期の本派と大派の学僧の教学を考察し、僧樸が所行的傾向にあり法霖を更に敷衍すると評価している。(6)青雲乗芳氏は、僧樸は法霖を承けて所行説傾向にあると指摘するが、(7)僧樸への考察は一面的であるといえる。普賢大円氏は、江戸期の学僧の教学を能行派、所行派と整理し、その特徴と批判を挙げており、僧樸は法霖と大差ないがその教学の不足部分を補説すると評価する。(8)禿諦住氏は、江戸期の本派と大派の学僧の行信論を体系的に考察し、僧樸は門下への功績を評価する一方で教学に特筆すべき点はないと指摘する。(9)

以上のように先行研究では、法霖を継承、学派分裂の基点、所行的傾向という見方が示されているが、僧樸の教学に焦点を当てた研究は見られないのが現状である。よって次節以降、僧樸の教学を中心に考察を進めたい。

第二節　僧樸の大行論

僧樸は享保七年（一七二二）越中射水群小泉村に生まれ、元文元年（一七三六）当時の能化法霖に師事する。その行実は、宝暦七年（一七五七）に安居で「易行品」を講じて以来、『往生礼讃』始め『選択集』等を学林で講述し、更に同門の道粋（一七一三～一七六四）や泰巌（一七一一～一七六三）と『真宗法要』を編纂して聖教の流布に努めている。後に宝暦十年（一七六〇）昨夢廬において門弟を育成し門下に数多の学僧を輩出している。

さらに行実の中で注目すべきは、異義への対応である。宝暦三年（一七五三）若狭の春東が行を廃し信を強調する異義を説いたが僧樸はそれに対応し、その他、京都の土蔵秘事や宝暦十年（一七六〇）の長門の円空の一如秘事などに対処し、正義の安心を顕示した。このように僧樸は、秘事法門や異義に破邪顕正の姿勢で対応し、真宗義の正義を宣揚した生涯[10]であった。

僧樸の著述は七祖聖教を始め、異義に対するものから法語類等、多岐に渡り様々な主張を展開している。今節では、特に僧樸における大行論の特色を中心に検討する。

まず、宝暦七年（一七五七）撰述の『行信弁偽』から僧樸における大行論の特色を検討してみよう。本書は、信一念に一声の称名が無ければ往生決定せずという、信行同時説を破斥し、正義を顕彰する為に撰述された書物である。その中で行信一念について、

うたがうこころのなきの信の一念が全く行の一念なり。それが命のびて自然に口称にあらわるるを報謝の大行と云う。（中略）これ口称に寄せて、行のすがたをあらわすものなり。ぜひぜひ口称に一称うかばねば、行がかけて往生ならぬとのたまうにあらず。（『真宗全書』（以下『真全』）六二、三四五頁）

と明確に信行同時説を否定している。一方、特筆すべきは「これ口称に寄せて、行のすがたをあらわすものなり」と、称名寄顕説[11]を論述する点である。称名寄顕説とは、元来口業頼みを破斥する為の学説[12]で、後に芿薗学派大瀛（一七五九〜一八〇四）や道振（一七七三〜一八二四）も主張[13]しているが、この説は僧樸にその思想的萌芽がみられるの[14]である。つまり称名寄顕説は、僧樸を嚆矢として信行同時や口業頼み等の異義に対応する為に論成された学説といえる。次に六字釈「即是其行」について、

機にとなうるで、はじめて正業となるに非ず。法体もとこれ正定の業因なるが故に、『銘文』の中、阿弥陀仏

即是其行（もし機のとなうるとき、はじめて行となるとならば、称阿弥陀仏即是其行といはねばきこえぬ。今はこれ法体即行なり）（中略）これ即是其行の行体を口称によせてあらわすゆえに、称名正定業と判ぜり。もし機辺より称うるを正定業とつのるときは自力の専称仏名の分斉なり。（『真全』六二、三四七頁）

と論じて、行者の口称を待って正定業となるのではない事を示し、名号を正定の業因と位置付けて「即是其行」を名号と解釈している。また称名正定業は行体を口称に寄せて顕わしたもので、機辺で正定業を語るのは自力の分斉となると説示するとともに、ここでも称名寄顕説を主張する。次に『唯信鈔文意』の称名本願の文について、

「称名の本願は選択の正因たること、悲願にあらわれたり。」と云い、「行巻」に引きて（中略）この称名は信前の所聞の尊号（すなわちこれ行体）、信後自然の称名なりと知らせんとて、力を尽くして釈成しまします。

（『真全』六二、三四八頁）

と、ここでの称名とは衆生に渡る以前の名号を指しており、後に豊前学派が主張する三正定業説[15]の淵源になるものと考えられる。僧樸がここで衆生に領受される以前の名号と捉えているならば、その名号とは衆生を往生成仏せしめるはたらきを持ちながらも未作用と位置付け、名号を静的に把握していることになる。つまり第十七願の諸仏讃嘆の名号と第十八願の称名を時間的異時において解釈していると考えられよう。

次に宝暦三年（一七五三）撰述の『正信偈五部評林』（以下『五部評林』）は、『六要鈔』を根拠に西吟（一六〇五〜一六六三）の承応二年（一六五三）撰述『正信偈要解』、性海（一六四七〜一七二七）の天和三年（一六八三）撰述『正信偈刊定記』、月筌（一六七一〜一七二九）の正徳元年（一七一一）撰述『正信偈勸説』、若霖（一六七五〜一七三五）の享保二十年（一七三五）撰述『正信偈文軌』（以下『文軌』）、法霖の享保二十一年（一七三六）

撰述『文類聚鈔蹄涔記』（以下『蹄涔記』）を批評し、自説を展開した書物である。僧樸はその中で行信の関係について、

行信は不離にして、水波の如く行と云い、信と云えば一体の義分なり。（十二丁右）

と論じて、行信は水と波のように不離不二の関係にあると説示する。次に「念仏とは大行の名号なり」（同、十五丁右）と称名も名号もともに大行と位置付け、称名即名号を語っている。この点は法霖の円融思想を継承している[16]といえる。また僧樸は先学の教学理解について、

全是不二と云までは、直ちに『要解』の意なり。この意は宗意に順ぜず。信願行の三資糧に配して釈す。是またしからず。今家には信願、信行ということばあれども、三資糧というは見ぬなり。（同、五十九丁左）

と論じている。この『要解』とは、西吟の『正信偈要解』を指している。これは『同書』に、

愚鈍なる者は信願を要するや。思を勝縁に繋ればすなわち今まさに始を保つの徴にして菩提に登假するなり。（中略）聞信とは、聞きて後に信ず。信じて後に行ず。聞くにあらざればすなわち信は何によりてか生じ、信にあらざれば行は何によりてか起こる。信の功は聞くにあらば行の功は信にあり。まさに知るべし。聞と信と行とを具して、浄土の資糧、充足して欠くることなければ仏心と相応す。（序〜二巻、二丁〜五十八丁）

と説示する事に該当し、更に西吟を承けて知空（一六三四〜一七一八）も万治二年（一六五九）撰述の『正信偈要解助講』の中に、

これは上の願に托し信を厚くせる者なり。およそ彼土に生ずるに三の資糧あり。いわく信なり、いわく願なり、いわく行なり。仏願を信楽し、至誠真実なる者は信なり。妙果を欣慕して登假を期するというは願なり。仏名

を受持して、これを口にしこれを身にするは行なり。今は初の二を挙げて後の一を収むるなり。（八丁左）

と述べ、同様の主張を寛文元年（一六六一）撰述の『論註翼解』[17]にも展開する。三資糧説とは、往因に「信願行」が必要と主張する学説であるが、僧樸は聖教に根拠がないことから批判している。また西吟の上に直接「信願行」の用例は見られないが、先学の指摘[18]のように文意から思想的胚胎を窺わせる。一方で知空は明確に三資糧説を主張し強調している。このように知空が「信願行」を往因として強調することは、後に三業帰命説の思想的淵源[19]と位置付けられる点と有機的連関性が考えられる。ならば三業惑乱期に僧樸は没している為、その動向は定かではないが西吟や知空等の願生心の強調に対して宗意に背くとして警鐘を鳴らし、批判していたことが窺える。続いて僧樸は『同書』において、

行者の能念が即法体の南無阿弥陀仏なり。それが直ちに行者の正念なり。しかれば法体所具の正定業というに紛るところなし。何れなりとも順ずべし。（同、六十二丁左）

と、前述のように称名即名号を語りながらも、ここでは新たに名号が即衆生の称名となるという領解を説示する。これは僧樸が法霖を承けて、名号と称名は相即不離の関係にある点を敷衍していると考えられる。僧樸が名号と称名とを相即不離の関係として見る思想的背景については、例えば享保四年（一七一九）撰述の『選択集聞書』に、

高祖は源感大師に基づきたまえり。その故に鎮西の説に親鸞は曇鸞に依りて善導に依らず。邪義ではなけれども異門を開かれた。吉水の正意ではないと云々。（八丁右）

と、親鸞が曇鸞に依拠する点を法然の正統ではないという浄土異流からの真宗批判[20]を挙げている。これは教格論の発端を僧樸とする指摘[21]のように、増上寺鸞宿（一六八二〜一七五〇）や鎮西派義山（一六四八〜一七一七）等の浄

土異流から真宗義に対する論難[22]が背景にあると考えられよう。論難の主旨は、親鸞は幸西の弟子で一念義の邪説を主張し、背師自立であるという批判であって、同じく名号と称名の相即不離を主張する僧樸の師の法霖も義山の論難に反駁[23]している。また続いて『同書』には、

善導、法然は観経から開きたまいたる故、称我名号をすすめたまえり。鸞師と祖師は大経から開きたまいたる故、信心を本とすすめたまえり。これ時機を考え機に応ずるなり。善導、法然の称我名号は三心具足の称我名号なり。祖師の正定業といえるは単の信楽にあらず。これは信具の行を以て教ゆるなり。（中略）祖師は至心信楽を願体としたまう。その至心信楽と善導の称我名号と相違せぬ…。（同、二〇丁右〜二〇丁左）

と、元高化風に関する論述がある。ここで善導と法然を『観経』依憑、曇鸞と親鸞を『大経』依憑とする見方には再考の余地はあるが、化風の相違を時機の問題とともに信具の行、行具の信であるとして安心は同一[24]と説示せんとする意図は明らかに浄土諸派を意識した立論といえよう。このように僧樸は浄土三派を対照[25]して真宗義の宣揚に努め、浄土異流の論難に対し真宗義の正統性を主張し、反駁していたことが分かる。

また、この元高化風については、僧樸の宝暦三年（一七五三）撰述の『伝絵大意』に『大経』三処の一念について、

黒谷も吾祖も先づ終南の釈に順じたまう。また成就の乃至一念と云うを、「信巻」には偏に信の一念と釈したもう。流通の一念は行としたもう。（中略）元祖は三処の一念を通じてみな行としたまう。また同じ祖釈の中にも、『略本』には願成就の文を行の科に引証したまう。かくのごときの類、なかなか一概ならぬことなれば、融即不離の旨を得ずんば何ぞ諸釈の齟齬を通ぜんや。（『真全』六二、一六五頁）

と、法然も親鸞もともに善導を継承するが「信行融即不離」の論理を用いて両一念の解釈を会通している様子がうかがえる。このように解釈したのは、元高化風を行信の融即不離の関係で会通する必要性があったからだと考えられよう。

以上、僧樸は名号と称名とを不離不二の論理で捉えていることから、名号も衆生の称名もともに大行と位置付けているという見方ができる。但し、僧樸は名号が大行であるからこそ、その名号がそのまま衆生の上に称名となってはたらいているところをもって大行とするのであって、能称の功をつのることではない。つまり僧樸は、大行を名号と称名とのいずれか一方に限ることなく、不離不二の論理をもって解釈する折衷的大行論であると考えられる。

また僧樸は、法霖の教学を踏襲し、敷衍する一方で、歴代能化や先師の教学を親鸞の真意に適うか否かを再吟味し、文証なき学説に批判的姿勢を示している。そして称名寄顕説を論成して異義に対応し、行信を空間的関係、時間的異時で把握するのは後に三正定業説へと繋がる新たな教学理解も説示しているともいえる。さらに浄土異流からの論難という教学背景が存在しており、その批判に対応する為、元高化風を行信の融即不離の論理で会通を試みることで、真宗義の正統性を主張する必要性があったと考えられよう。以上の点から僧樸は法霖を継承しつつ、独自の大行論を展開しているということが出来る。

第二章　僧樸門下の教学

僧樸は、その門下に各学轍の学祖となる多くの優れた学僧を輩出しているが、ここでは後に空華学派、芸轍、豊前学派の学祖となっていく僧鎔（一七二三～一七八三）、慧雲（一七三〇～一七八二）、崇廓（一七二九～一七八六）に焦点を当てその教学を中心に考察を進めていくこととする。

第一節　僧鎔の大行論

僧鎔は僧樸門下の上足で後の空華学派の学祖とされる。[26] ここでは僧鎔の大行論について考察する。最初に、僧鎔は安永九年（一七八〇）講述『本典一滞録』（以下『一滞録』）から僧鎔の大行論を見ていこう。僧鎔は、「行巻」細註二句について、

浄土真実之行とは能行をあらわす。選択本願之行とは所行をあらわす、能行、所行ともにこの願の称我名者に含みあるゆえに、その義を解釈し給うなり。（『真宗叢書』（以下『真叢』）八、四二頁）

と、「浄土真実之行」を衆生の称名、「選択本願之行」を名号と位置付ける。細註二句を称名と名号とに分釈する点は、二句が別義となり意味を尽くさないという指摘[27]もある。しかし、細註二句を分かつのは、第十七願文の「称我名者」に、衆生の称名も名号もともに内包すると解釈するものであるから必ずしも批判は当たらないと考えられる。続いて、第十七願に称名、名号を含めて「浄土真実之行」を名号、「選択本願之行」を衆生の称名として、先に名号を出したと解釈すべきところを、何故称名を前にするのかという問いに対し、

第十七願は所行の法体なることは勿論、争うべきことなし。その所行の法体がすぐに行者の能行になると云うこと、今家不共の妙釈なり。行者の能行がそのまま所行の法体なりをもちう、これ所行のところにおいて能行を立てるは他力易行なり。終日能行すれども所行海をはなれず、行ずれども行ずれども行に行の相なし。ただ

これ選択本願の行をそのままあらわれもてゆくなり。この義を顕さんが為にまづ能行を明かし（浄土真実之行）、次に所行を明かす（選択本願之行）。この能行即所行のことは『涔記』第一（十二右）に明せり。

（同、四三頁）

と、論述する事から名号を大行と捉えており、更に『蹄涔記』を引用して細註二句を衆生の称名と名号とで解釈している事が分かる。これは、第十七願の名号が直ちに衆生の称名（名即称）となり、衆生の称名はそのまま第十七願の名号（称即名）であることは、そのまま衆生の称名がどこまでも名号を離れて存在しないことを明らかにすることにあったといえよう。この点は法霖の円融思想から色濃く影響を承けたとみられる僧鎔が「行巻」所説の大行である諸仏讃嘆の名号が衆生の称名（名即称）となり、衆生の称名はそのまま名号（称即名）であるから能所不二、鎔融無碍であると位置付けている事からも窺えることである。

さらに、「行巻」出体釈において「大行者称南無阿弥陀佛」とあるべきところを何故、「称無碍光如来名」とあるのかという問いに対して、同じく『一滞録』に、

名義相応の念仏を大行と名くるぞと示さんがために称無碍光如来名との給う、この称名即佛願廻向の大行なり、此行は一乗無碍にして至徳具足し、廣大の利益をそなへ給うこと（中略）かくのごとき大行なるゆえに、一々の称名に法界無尽の功徳を含摂して加減あることなし。（同、四四頁）

と、『論註』を承けて名義相応の称名こそが大行であり、その称名はそのまま仏願廻向の大行であるから、一乗無碍にして、広大の利益が具わると解釈している。つまり僧鎔は、名号のみならず如来廻向の称名も大行と位置付けていることが確認出来よう。

次に『観経』下中品の「聞已即滅」について、称名の有無が往生の可否と如何に関係するのかという問いに、

称うるいとまのなきものは、称えずとも功徳は行者の身にみてるゆえに往生は疑はなきなり、このところ所行すなわち能行と、能所錯綜して他力至極をあらわし給う。（同、四五〜四六頁）

と、聞名の行者は無疑であるから往生決定するために称名の有無を問わないことを示し、その上で名即称であると解釈している。続いて、行信一多の問題について行は多念ならば、信の多念はあるのかという問い[28]を出し、若霖の『文軌』に「行に多念あれば信に多念あり」という信の多念の主張[29]を引用した上で『一滞録』に、

祖意を窺うに行は多念にわたるもの、信はただ一念とばかりにて、多念とはいはれぬ。（同、一二四頁）

と、行は多念にわたるべきものであるが信は一念に極まる為、多念ではないと否定する。信の多念は、『拾遺古徳伝絵詞[30]』を根拠に信は一念に限らず多念にわたるとする説である。一方で『浄土真要鈔[31]』には、多念はあくまで行で論じるもので信は一念であることから信の多念を否定する。

この点について僧叡（一七六二〜一八二六）は、上述の『拾遺古徳伝絵詞』を引用し信行不離、『論註』「三不三信」を根拠とすれば、文証ではないが理証として認められると信の多念を主張[32]する。しかし信の多念は、親鸞の上に確固たる文証がない以上、積極的に肯定し難い感は否めない。次に行一念を欠く者は、無上功徳を具足しないかという問いを出して、

本願をたのみたてまつる一念のところに願も行もかけめなし、（中略）信楽開発せば何の不足かあらんや、その一念に満足してかけめなき相を何によせて彰しようがなきゆえに、称名の遍数によせてその易行の至極をあらわすなり、これ行相に寄せて示すというまでのこと、一声でなければ無上功徳を具足せずということにはあ

らず。（同、一二五頁）

と、信一念に無上功徳が満足することを述べている。また称名の行相に寄せて易行の至極を顕すとする称名寄顕説を説くが、同じく寄顕説を主張する大瀛（一七五九～一八〇四）とやや趣を異にする。大瀛の学説は、芿薗社中からも疑義が出され[33]、僧叡や善譲（一八〇六～一八八六）も批判している[34]。僧鎔の寄顕説は口称の邪義を破斥する為に行の本質はあくまで名号であることを顕す解釈であるのに対し、大瀛の寄顕説は行の物体は名号とする点は同様だが、「行化の寄顕」で善導、法然の念仏往生義を浄土門初開の未熟の機に対する方便の教と解釈する点は教学的課題を胚胎していると言わざるを得ない[35]。

以上、僧鎔は、第十七願の名号を大行と位置付け、その名号は衆生の称名となって顕現し、衆生の称名もまた第十七願の名号を離れないという相即不離の論理で解釈している。また「行巻」出体釈では、名義相応の称名がそのまま如来廻向の大行であると解釈していることからも、諸仏讃嘆の名号も他力如実の称名もともに大行と捉えていると考えられる。つまり僧鎔は、第十七願の名号を大行としながらも、その名号の独用がそのまま他力如実の称名となって衆生の上に顕現されるところをも大行と位置付けているといえよう。また寄顕の論理によって名号こそが「行巻」の行体であることを説示する意図があったと考えられる。このように僧鎔は法霖、僧樸を承けて能所不二、鎔融無碍の大行論を展開し、その教学は後世まで影響を与えたと考えられるのである。

第二節　慧雲の大行論

慧雲は僧鎔と並ぶ僧樸門下の双壁として、芸轍の鼻祖[36]と称され、その門下に大瀛や僧叡等の優れた学僧を輩出している。慧雲の事蹟は、僧樸を承けて三業惑乱時に三業帰命説に同調することはなかった事(37)が指摘されているが、教学に関する記述はわずか「行巻」を名号で解釈すること(38)が指摘されるのみである。しかし慧雲に関する研究は乏しく、その教学に至ってはいまだ鮮明とは言い難い。よってここでは慧雲の大行論を中心に考察する。

慧雲は三経七祖から親鸞の著作に関して多岐に渡り多くの講録を残している。その学説は『正信偈呉江録』(以下『呉江録』)、『大経安永録』(以下『安永録』)等に論述されている。最初に安永四年(一七七五)撰述の『安永録』から慧雲の大行論を見ていこう。『同書』に第十七願成就文を釈して、

問う、大行はこれ所行となすや、これ能行となすや。答う、所行なり。しかるに衆生の能行、所行を離れず。この故に能所合して大行と称す。(中略)能所合称よくところに依りて成じ、またところに依りて起こす。剋してこれを論ず。能所体一、ただこれ尊号、普流行の相、これを大行という。(『真全』三、一三八頁)

と、大行を名号として、衆生の称名は名号と不離であるから能所合称と位置付けている。そして、名号と称名の体は一つであり、名号の普流行の相こそが大行であると説示しているのである。これによれば慧雲は名号を大行と捉えているといえよう。次に行信次第、信行次第について相承の師説に相違があることについて、

相承の師説、あるいは行信といい、あるいは信行という。相違いかん。答う、仏に従い生に向かうは行をもって先とし、生に従い仏に向かうは信を以て先とす、建立安心、おのおの一門による。(同、一三三頁)

と、行信次第とは仏から衆生へ向う場合は行を先とし、信行次第とは衆生から仏へ向う場合は信を先とすると説示している。続けて「付属の一念」について、

一念とは、実に行信に通ず。『行巻』は行に約し、『和讃』は信に約す。いかんが『行巻』は行に約す。(中略)

按ずるに、難易相対せずば行にあらざることあたはず。故にすなわちしかるのみ。いかんが『和讃』は信に約す。（中略）これ恐らくは異訳による。唐訳に「もしかの仏名を聞くことあらば、よく一念喜愛の心を生ず」等というが故に。（同、三一六頁）

と、行信に通じると了解している。ここで行に約すことは言うまでもないが、一方で信に約す根拠に『如来会』[39]を挙げている。他の異訳では『荘厳経』によると信に約すとも取れるが[40]、親鸞の上で『荘厳経』の引用がないことから根拠になり得ない。ただ『高僧和讃』[41]によれば「付属の一念」は行信に通じるとも取れる。しかし「付属の一念」は、法然は行一念、親鸞は行信両一念、歴代は信一念とその解釈は一様ではないが諸行に対して弘願法の行業で相対することからみれば行一念とみる方が文意に親しい解釈といえる。次に安永八年（一七七九）撰述の『呉江録』に師説を挙げて、

「師説に云く、正信は大信なり。念仏は大行なり」（『真全』四〇、四八三頁）

と論じている。この師説とは僧樸の説を指しているが所覧本が異なるのか表現に相違[42]がみられる。仮に同一のテキストであるなら、師説を取意した可能性は否定出来ないことになる。ならば僧樸が称名も名号もともに大行と位置付けているのに対し、慧雲は称名を大行と意図的に読み換えているとすれば、この引文は慧雲独自の解釈を展開しているとも考えられる。続けて『同書』には、

本願とは第十七を指し、名号とは称名大行。正定業とは弥陀選択之行業なり。（中略）かくのごとき大行、信と離れず。行を挙げて信を具す、信を挙げて行を具す。（同、四八八頁）

と、本願とは第十七願を指すとして、名号とは称名大行であり、正定業とは弥陀の選択による行業とした上で、行

信の関係を不離にして行具の信、信具の行と解釈している。また天明八年（一七八八）撰述の『論註服宗記』（以下『服宗記』）には「名号破満」を釈して、

これはこれ称名大行。行巻に云く、大行とは無碍光如来の名を称するなり。けだしここを本とするなり。無礙光即光明智相。故に今は義を以て名を立てば即ちこれ論主、力を尽くしてこれを顕すなり（中略）ここに由りて称名大行を修すが故に修行といい、機法相合うて函蓋相称するが故に相応と云う。（『真全』十、八六〜八七頁）

と、「行巻」出体釈も「名号破満」に依拠し、世親の真意は称名にあるとして、如実の称名だからこそ「修行」であり、機法がかなう「相応」になるとして称名を大行と位置付けている。

このように慧雲は『安永録』には名号を大行と解釈しているものの、『呉江録』には随所に称名を大行と捉えている。更に師である僧樸の文言を取意して、衆生の称名は名号と不離であることから「念仏は大行なり」と意図的に読み換えて自説を展開しているとも考えられるのである。そして『服宗記』には、親鸞も『論註』名号破満を承けて、名号の徳を衆生の称名の上で語るのは如実讃嘆の称名こそが大行であることを説示する意図があったといえよう。また慧雲は本願文の「乃至十念」を行信不離の論理で解釈して信に約せば信相続、行に約せば称名と捉えることは、表現に左右はあってもその根源は体である名号に帰結するという領解を説示している。このように慧雲の教学基盤は法霖と僧樸の行信不離、円融思想を承けて構築されているが、大行を名号と位置付けつつも、その名号と不離であり、名号の活動相でもある衆生の称名も大行と解釈していく点は、慧雲自身の教学理解の変遷の軌跡を窺わせる内容になっていると考えられよう。

第三節　崇廓の大行論

崇廓も僧鎔、慧雲と並ぶ僧樸門下の上足であり[43]豊前学派の学祖とされる。豊前学派は崇廓を派祖とする説[44]と月珠を派祖とする説[45]の二つの見方がある。しかし崇廓に関する研究自体が乏しくその学説は未だ鮮明とは言い難い。よってここでは崇廓の大行論を中心に考察する。

崇廓の学説は、天明二年（一七八二）撰述の『浄土論註疏』（以下『論註疏』）、天明四年（一七八四）撰述の『六要鈔助覧』（以下『助覧』）、天明六年（一七八六）撰述の『願文随文記』（以下『随文記』）等から窺う事が出来る。　最初に崇廓は『論註疏』の中で第十七願について、

讃嘆の称揚は即ちこれ称名大行なるが故なり。（一巻、二十七左）

として、諸仏の讃嘆がそのまま称名が大行であるからだと説示している。続いて『同書』に、

十七願の名号は所聞の法にして、能称の行なり。（四巻、二十九丁左）

として、十七願の名号は聞かれるところの法であり、そのまま衆生の称名となって露現すると解釈する点は、豊前学派の教位の称名の思想的萌芽とも考えられよう。教位の称名とは、豊前学派の行信論の特徴で十七願を教位と位置付ける学説である。さらに『同書』には、

「聞其名号」の名号はこれ法体にして、衆生の心に入りて信心を成じ、口業に発称するをまさに名けて大行と名く。ただこれ一物の左右のみ。（同、三十一丁左）

と論じていることから、崇廓は、名号が衆生に領受されて信心となり、称名となって露現されているところをもっ

て大行と位置付けていることが確認出来よう。また名号の位相によって信心と称名とを位置付けることは、行信を空間的関係において捉えようとする三正定業説の思想的萌芽ともいえよう。また『同書』に、

ここをもって決得の体に約さば信行同時。もし受法に約さば行前信後。もし行相に約さば信前行後。もし相続に約さば融けて前後なし。(同上)

として、行信の実時にも触れている。法体では信行同時でも、機辺においては同時とせずに信と行とに前後をみるのは、名号に衆生の信となり行となるいわれが具わるとする信行不二の論理で解釈するための表現であると考えられよう。次に『助覧』の中で、

「念仏」とは、尋常の名、転釈し六字を挙ぐ。(中略)「正念」とは、(中略)一念無疑を正念とす。これ信に約し結釈す。すなわち信行不二の義を彰す。(中略)名号はすなわち衆生往生の大行なり。(八丁〜九丁右)

と論じて、念仏とは信行不二の義を顕すとした上で、名号も大行と位置付けている。また行一念について、

古徳に云く、(中略)易行至極とは、信一念はこれ行を具すが故に、今はしばらく称名に寄せて易行の至極を顕す。ここに道理あり。今解していわく、(中略)これ行に約し、信に約すに簡ぶ。いわく易行至極は行信に通ず。(十八丁左)

と、「付属の一念」は行信に通ずると解釈し、信行同時説を古説として挙げている。この古説とは、承応の鬩牆で西吟と対論した月感(一六〇〇〜一六七四)が天和二年(一六八二)に撰述した『安心決定鈔採記』の中で、信一念に法爾として作業を具足すると暗に信行同時を説示しており[46]、知空も『論註翼解』に本願成就文の「信心歓喜乃至一念」を安心起行の次第とする中で安心を正とし、法体は信行具足、行者もまた同時に信行具足するとして月感[47]

と同様の主張をなしている。つまり近世初期の能化や周辺の学僧により信行同時が唱道されていた経緯を暗に物語っているともいえよう。

次に『随聞記』の冒頭に、第十八願の願名「念仏往生之願」について、本願の念仏は称名、名号に通ずると解釈し[48]、続く本願文の「乃至十念」と成就文の「乃至一念」を解釈するにあたって、四義を挙げて信行次第を本義としながらも他の三義も具わると論述している。これは信に約し、行に約すとする根拠に七祖、親鸞の文言を挙げて説明する点からも他の三義を理解しつつ[49]、親鸞の正意は成就文の一念を信の一念、本願文の十念は信後相続の称名にあると把握している。

一方で崇廓の教学史上の位置付けについて、崇廓自らが三業帰命説に傾倒したという指摘[50]もあるが、果たしてそうだろうか。例えば崇廓は、安永七年（一七七八）に親鸞在世時から近世までの邪義を列挙し、解説した『古二十邪義』を撰述しており、その中に次のように論じている。

口業たのみの秘事とは、意念ばかりにてはすまぬ、口業にたすけたまへと云ふて、三業そろわねば往生決定せず、信心獲得と云ふべからず…。（三丁右）

と、意業、口業頼みを秘事として挙げており、三業帰命説は浄土真宗の正統な安心とは異なる異端の邪説であると批判していることが確認出来よう。続く、天明六年（一七八六）撰述の『傍観正偽篇』には、

身口の表顕をそろえざれば一念帰命を成ぜずいうにはあらず。（三丁右）

と、信一念の三業帰命を否定し、上述の『随聞記』にも、

三業並立を執じて三業揃えねば一念帰命なきように執ずるは惑えるの甚だしきものなり。（二十三丁左）

と、三業並立の固執を誤謬として重ねて三業帰命説を批判しているのである。さらに功存（一七二〇～一七九六）の『願生帰命辨』を批判した大麟（一七八四～没年不詳）は、天明六年（一七八六）に撰述した『真宗安心正偽後篇』の中で、

崇廓（中略）大経を副講す、その第十八願を講解せるを伝聞するに欲生ともって一念帰命の義とすべからずと談ず。しかれば廓が本心、当時の弊風に和せられけること必せりとす。（二丁右）

と、崇廓は『傍観正偽篇』の撰述と同年の安居に『大経』を副講した際に、欲生帰命を否定していたとされる旨を論述していることから、当時の学林が三業帰命、欲生帰命をもって統制しようとする弊風があったことと、崇廓自身は学林に身を置きながらも三業帰命、欲生帰命に対しては、親鸞の真意に背く異義であると明確に否定的立場を取っていた事が確認出来よう。

以上、崇廓は称名と名号とをともに大行と位置付け、名号と衆生の称名の関係を相即不離の論理で解釈している。また、第十七願の名号を時間的、空間的に捉えて、教位の称名や三正定業説に繋がる学説を論述している点は豊前学派の思想的源流とも考えられる。また法霖を承けて[51]行信の実時に言及しているが、これは崇廓が大行である諸仏所讃の名号が衆生の信心となり（行前信後）、その信心が衆生の称名となって露現する（信前行後）ことは、名号それ自体に衆生の信心となり、称名となるいわれが具足することを明らかにする為に、信行不二の論理[52]をもって名号の功徳を解明しようとする意図によるものといえよう。

結論

以上、ここまで僧樸とその門弟について考察してきた。その僧樸は、師である法霖を継承して名号も称名もともに大行と位置付け、不離不二の関係で解釈している。また対内的には、歴代能化や先師の信行同時説や三資糧説等の学解には、新たに称名寄顕説を論成して対応し、その教学理解は親鸞の真意に適うか否かを基準に再吟味して、聖教上に根拠なき学説には常に批判的姿勢で臨んだのであった。更に教学背景には、浄土異流からの背師自立という真宗義への論難に反駁するため、親鸞こそ法然の念仏往生義を正統に継承するという立場から、元高化風を行信の融即不離の論理をもって会通する必要性を論述したのであった。

以上の点から、僧樸は法霖の円融思想を敷衍しつつ、派内の異義や他宗の論難には、独自の学説を展開して対応していることからも、学系的にも思想的にも各学轍の思想的淵源と位置付けられ、その教学的特色を充分に発揮するものといえよう。

続いて僧樸門下の僧鎔は、名号を大行と解釈することを根幹としながらも衆生の称名も大行であると解釈し、名号の独用が即衆生の称名となることを論成して、寄顕の論理によって名号こそが大行の本質であることを説示する意図があったと考えられる。次に慧雲は、名号を大行と捉えながらも、師である僧樸の学説を取意して自説を展開したとも考えられ、次第に称名を大行と位置付けていくことから、学説の変遷の軌跡が確認できる。また崇廓は、称名も名号もともに大行と位置付け、名号の功徳を信行不二の論理をもって解明しようとする意図が確認できる。

更に、名号の位相によって、行信を時間的、空間的関係において解釈する教位の称名や三正定業説の思想的萌芽といった特色ある学説を展開していくことは、豊前学派の思想的源流とも位置付けられよう。

このように僧鎔、慧雲、崇廓は空華学派、芸轍、豊前学派の学祖となっていくが、その教学は法霖と僧樸を継承し、自身の学解を加味して特色ある教学を構築していったと考えられる。

最後に書誌的、教理史研究の進んだ現代から見れば、学僧の用いるテキストや教義解釈の問題を始め、親鸞の用例にない特殊名目の使用等、真宗教学を反って煩瑣ならしめる要因となることも否定しえない。しかし教学史研究は、単に浄土真宗の歴史的研究に留まることなく、学僧の問題意識や教学理解を再検討する事は時代を貫いて考察し得る真宗教学の諸問題を問うことへ密接に繋がっていくのではないだろうか。今後は、学僧が指摘する真宗教学の諸問題を検討し、教学史研究の現代的意義を見出していきたい。

註

（※表記以下『真宗叢書』→『真叢』、『真宗全書』→『真全』、『真宗聖教全書』→『真聖全』、『浄土真宗聖典全書』→『聖典全書』とした）

（1）宗学院編『本典研鑽集記』・『真叢』附巻行信論集・普賢大円氏『真宗行信論の組織的研究』等が挙げられる。

（2）超然述『真宗学統源流略譜』によれば、僧樸の門弟に僧鎔、慧雲、崇廓、仰誓、大同、玄智等、後に各学轍の派祖となっていく学僧が名を列ねる。

【本派学系】

- 法霖（一六九三～一七四一 演暢院 第四代能化）
  - 僧樸（一七一九～一七六二 京六条宏山寺号昨夢廬 陳善院）
    - 仰誓（一七二一～一七九四 石州市木浄泉寺 實成院）── 覆善（仰誓嗣 芳淑院）
    - 慧雲（一七三〇～一七八二 芸州広島報専坊 深諦院）
      - 大瀛（芸州勝圓寺 真実院）── 曇龍（筑前満行寺 大行院）── 玄雄（大阪専念寺 勝行院）
      - 僧叡（芸州真教寺 勝解院）── 慧海（備後勝満寺 甘露院）── 義山（備後勝願寺 願海院）
    - 僧鎔（一七二三～一七八三 越中善巧寺号空華 明教院）
      - 柔遠（越中明楽寺 快樂院）── 行照（美濃願誓寺 丁達院）── 鮮妙（明朗弟又僧亮門人）
      - 道穏（豊前福島長久寺 浄信院）── 性海（泉州満福寺 乗誓院）── 善譲（豊前中津照雲寺 勞謙院）
      - 道穏 ── 月珠
    - 崇廓（一七二九～一七八六 豊前森山教覚寺 究達院）── 圓珠（豊前今津浄光寺）── 義天（圓珠嗣）── 月珠（義天嗣道穏門人 善通院）
    - 玄智（一七三四～一七九四 京六条 慶証寺）
    - 大同（一八七二～不詳 筑前甘木 教法寺）── 大乗（筑前福岡光円寺）── 南渓（筑前玖珠満福寺 円成院）

（『真宗学統源流略譜』十二～三十五頁参照）

（3） 前田慧雲氏『本願寺派学事史』に、「僧樸の学は日渓に蹊徑に遵へり。殊に僧樸のごときは門下に幾多の英匠を出し、他日各々一幟を学界に樹立せしめ光明を界内に耀す」とある。（『真叢』別巻、前田和上集、六五三頁参照）

（4） 鈴木法琛氏『真宗学史』に、「宗学界諸説の淵源というべし」とある。（『真宗学史』二九八～三〇一頁参照）

（5） 西谷順誓氏『真宗教義及宗学之体系』に、「法門の施説に念仏往生と信心正因の相異あることを理論的に説明せんとする風、暫く盛んになれり。元祖は相対門の師、宗祖は絶対門の師と分かちて説明することも僧樸に始まるが如し」とある。（『真宗教義及宗学之大系』二七五頁参照）

（6） 廣瀬南雄氏『真宗学史稿』に、「所行正定業の思想的立脚地を根底として、そが行信の考察を展開せしめたるは勿論であるが、その主張には遙かに法霖よりも精微にして、委曲を尽くしたるものがある。」とある。（『真宗学史稿』九八～一〇二頁参照）

（7） 青雲乗芳氏『学国越中』に、「法霖を承けながら一歩進み、僧鎔の所行説へと発展していったと考えることが出

来ると思う。」とある。（富山真宗学会編『学国越中』所収「僧樸の学説」の項、二一二頁参照）

（8）普賢大円氏『真宗行信論の組織的研究』に、「彼は法霖の門に出で、その学説は法霖と大差はない。ただ法霖の足らざる所を精妙になしたのみである。」とある。（『真宗行信論の組織的研究』五二～五七頁参照）

（9）禿諦住氏『行信の体系的研究』に、「行信説は法霖を伝承、之を門下に移す功績を除いては、特に取り立てて論ずるものを認めないと云ってよいであろう。」とある。（『行信の体系的研究』二七五頁参照）

（10）僧樸の行実については、千葉乗隆氏『近世真宗の一学匠』の「僧樸年譜」を参照した。（『近世真宗の一学匠―陳善院僧樸の生涯―』一四七～一四八頁参照）

（11）石田充之氏『選択集研究序説』に、「寄顕とは、信心正因・信一念得大利を称名に寄せて顕わす行一念得大利・称名正定業義の如き念仏為本義を云う」と寄顕説を説明する。（『選択集研究序説』一七四頁参照）

（12）道振述『行一念解謗』に、「大師のこの説を作すものはもと新義所計の口業たのみを破するためなり。往昔肥後の月感信行報謝の三相を立て行の一念を信の一念に併せてもて正因とし其の余を報恩の行とす帰命弁者またこの説を沿襲し且つ行一念をもて口業帰命の証とす」とある。（一丁左）

（13）大瀛述『文類聚鈔崇信記』に、「称無碍光如来名とは、これ口称に寄せて法体を顕すなり」とある。（『真全』三七、二九頁参照）道振述『両一念義章』に、「行の初起に就て談じて（中略）信一念の業成をもて、行一念へ寄せて顕すところの寄顕の行化と判す」とある。（『真全』五二、二九三頁）

（14）大瀛述『行一念義章』に、「陳善かつてこの文を釈するを以て、万行円備の法体を一声に寄せて顕す為なり。」と称名寄顕説の淵源として僧樸を挙げている。（一丁右）

（15）豊前学派の教学的特色で名号、信心、称名を空間的関係で把握し、時間的差異をみる学説。崇廓の上に思想的萌芽がみられ月珠、円月に至って確立される。名号を衆生を往生成仏せしめるはたらきをもつ正定業として「当体具用」、信心を名号が衆生に領受され、剋果の力用を施す信心正因として「正作力用」、称名を信後の称名として、名号の力用が相続される「持用相続」と位置付ける。

（16）法霖述『文類聚鈔蹄涔記』に、「所行のところにおいて、能行を示して、所行の法体を須いて能行とせることを明かす」と論じて、能所不二の行信論の源流とされる。（一巻、一二丁右）

(17)知空述『論註翼解』に、「信ありて願あればすなわち行は自ら在り。三の資糧を備れば必ず定んで往生す。行と信とともに仏の本願力に依る。これを他力という」と三資糧説を主張している。(一巻、十一丁)

(18)普賢大円氏『真宗行信論の組織的研究』に、西吟は聞信行の三資糧説を暗示していると指摘する。(『真宗行信論の組織的研究』二四頁参照)

(19)足利瑞義編『龍谷大学三百年史』に、知空『南窓塵壷』、峻諦『北窓偶談』、義教『閲寮壁聞』、芳山『白絲篇』等は三業帰命説の色彩多き著作として三業帰命説を主張したとされる。(『龍谷大学三百年史』「三業惑乱」の項、二五二頁参照)大原性実氏『真宗願生論の展開』に、西吟『正信偈要解』に帰命の義において行者の願生心で解釈し、知空『南窓塵壷』に口業頼みを許し、三業帰命の萌芽が看守されると指摘する。(『真宗願生論の展開』「願生帰命説並に三業帰命説の伝統」の項、一〇三~一〇七頁参照)

(20)僧樸述『選択集聞書』の異本である宝暦九年(一七五九)撰述の『選択集樸録』に、「問う、今家の所判は全く玄簡大士を宗とするが故に酉誉等は曰く、親鸞は曇鸞に依りてまったく異門、吉水の正流に非ざること如何。答う、宜しきかな。他はこれ親しく我を異とすとなり。それもとより異なりや。異にして同じ…」と酷似する表現がみられる。(七丁右~七丁左参照)

(21)西谷順誓氏『真宗教義及宗学之大系』に、「元祖は相待門の師、高祖は絶待門の師と分かちて説明する事も僧樸に初まるものの如し…」と指摘する。(『真宗教義及宗学之大系』二七五頁参照)

(22)増上寺鸞宿は享保七年(一七二二)撰述『選択集文前綱義』に、親鸞が『選択集』付属を承けたのは、親鸞の私談であって、元祖の祖意にかなう正統な門人に非ずと批判し、親鸞は幸西の門流と位置付ける。(『浄土宗全書』八、一〇三頁参照)また鎮西派義山は享保一四年(一七二九)撰述『御伝翼讃遺事』に、親鸞は幸西と共に越後へ下向の後、捨戒し元祖の教誡を破り、門弟を放たれたと主張する。(『浄土宗全書』一六、九六七頁参照)

(23)法霖は『辨翼讃遺事』の中で、親鸞が幸西の弟子で一念義の邪説を主張した背師自立の徒と称する根拠に『念仏名義集』が挙げられている点について、後に鎮西派の意図的な改訂に依るもので根拠に乏しく、末学の妄説であると反駁する。(『真全』六二、三三四頁参照)

(24)僧樸述『選択集聞書』に、「今家は鸞師を表としたまうこともあり、善導を表としたまうこともあれども法門の

極意は一同なり」と随所に元高化風に関する論述がある。(十丁左)

(25) 僧樸述『選択集樸録』に、「鎮西はわずか門に及び、西山は既に堂に入り、高祖は室へ入る」と浄土三派を批評する。(四丁左)

(26) 超然述『真宗学統源流略譜』によれば、僧樸の門弟で後に空華学派の祖となることが分かる。(『真宗学統源流略譜』十四頁参照)

(27) 『本典研鑽集記』に、「『一滞』の如く、細註の二句前句は能行にして後句は所行とすることは各句別義となりて一部の宗を尽くさざるの失あり」と指摘される。(『研鑽集記』上巻、八六頁参照)

(28) 僧鎔述『本典一滞録』に、「行信について行には一念多念と云うことあり(中略)行に多念あれば信に多念ありや」という問いを出している。(『真叢』八、一二四頁)

(29) 若霖述『正信偈文軌』上に、「信にまた十信乃至一信ありや。答ふ、之れあり」と信の多念の義を立てる。(『真叢』四、三六頁)

(30) 覚如『拾遺古徳伝絵詞』に、「その行を論ずれば十声・一声いかなる嬰児もとなへつべし。その信をいへば、また一念・十念いかなる愚者もおこしつべし」とある。(『聖典全書』四、一六二〜一六三頁)

(31) 存覚『浄土真要鈔』「信一念釈」に、「かみにいふところの十念・一念はみな行について論ずるところなり。信心についていいはんときは、ただ一念開発の信心をはじめとして、一念の疑心をまじへず、念々相続してかの願力の道に乗ずるがゆへに、名号をもてまたくわが行体とさだむべからざれば、十念とも一念ともいふべからず」とある。(『聖典全書』四、五〇五頁)

(32) 僧叡述『本典随聞記』に、「信の一念も多念に例す。行は信の現るる故という。なるほど信行不離なれば、いわれぬことでなし。また『論註』三不三信に不相続あり。なれば信に相続あり。これ多念なりという。これは道理あり。文証にはあらず」と指摘する。(『真全』二六、二八九頁)

(33) 道振述『行一念弁誤』に、「文化丙子之冬社友のために、先師所著の行一念義章を講ず。講余たまたま疑問するものあり。乃随て記之こころ、後の遺忘のためにす」とある。(『行一念弁誤』冒頭参照)

(34) 僧叡述『本典随聞記』に、「その口称に寄すという、所寄の口称は真門なりや、弘願なりや(中略)終南、黒谷の化風たとい下々品に本づくとするとも権仮の説にあらず」とあり（『真全』二六、三〇四～三一〇頁参照）善譲述『本典敬信記』に、「行化の寄顕には得意者不得意者を出すの失あり（中略）終吉の化風方便の失を招く」とある。（『真全』三〇、三七七頁）

(35) 大瀛述『二巻鈔仰高記』に、「一心等とは、即これ自力専修の相。所謂唯称なり。一心とは、真門自利の一心、専念とは、謂く専称を以て往因に擬する（中略）終南のこの文の本意は弘願にありて吉水、意を得るが故にこの文に従いて入る（中略）ただ二師の時、法運未だ全啓せず。機縁未だ純熟せざるが故に、その化風、仮を帯びるを以て真を説く」と指摘する。（下巻、二十一丁左～二十二右）

(36) 烏鼠義卿氏『芸備の真宗学侶』には、「大瀛、僧叡…甘露門下の俊秀にして、時の人「徳星芸に聚る」というもまことである師を「芸轍の鼻祖」と呼んだ」とある。（『芸備の真宗学侶』十五頁参照）

(37) 玄智述『大谷本願寺通紀』に、「善く陳善の志を継ぐ者と謂うべし」とある。（『真全』六八、一九三頁参照）また『真宗僧宝伝』に、「その芸石の緇素、一宗の正義を得て三業邪義に動転せられずは、実に師の恩沢にあらざるや。」とある。（『真全』三〇、四六七頁）

(38) 前田慧雲氏『本願寺派学事史』に、「慧雲に至って専ら所行に就いて之を解釈し、各々その美を極む」と指摘するが学説の根拠を窺い知ることは出来ない。（『真叢』別巻、前田和上集、六五八頁参照）

(39) 『如来会』に、「もし彼の仏の名を聞くことありて能く一念喜愛之心を生ぜば、まさに上の如き所説の功徳を獲」とある。（『聖典全書』一、三三四頁）

(40) 『荘厳経』に、「もし善男子・善女人ありて、無量寿仏の名号を聞くことを得て、一念の信心を発して、帰依し瞻礼せん」とある。（『聖典全書』一、三七九頁）

(41) 『高僧和讃』「結讃」に、「五濁悪世の衆生の　選択本願信ずれば　不可称不可説不可思議の　功徳は行者の身にみてり」と文明本と顕智本にはあるが、国宝本にはみられない。（『聖典全書』二、四六五頁）

(42) 僧樸述『正信偈五部評林』原文は、「念仏とは大行の名号なり」となっている。（上巻、十五丁右）

(43) 玄智述『大谷本願寺通紀』に、「豊前森山教覚寺崇廓。陳善院に師事。学業優瞻。西州の望と為す。晩年頗る遺行有り」とある。（『真全』六八、一九三頁）超然述『真宗学統源流略譜』によれば、僧樸門下に崇廓があり、豊前

学派の学系に名を列ねていることが分かる。(『真宗学統源流略譜』一四〜三一頁参照)

(44) 西谷順誓、廣瀬南雄の両氏は、崇廓をもって豊前学派の派祖と位置付ける。(『真宗教義及宗学之大系』三二二頁、『真宗学史稿』一四頁参照)

(45) 普賢大円氏『真宗行信論の組織的研究』には、「豊前学派は崇廓に始まるが、正しく学説を成立させたのは月珠であり、月珠をもって創始者とする」と指摘する。(『真宗行信論の組織的研究』七三頁参照)

(46) 月感述『安心決定鈔揉記』に、「安心の中において起行法爾として具足し、作業自然に円備せるなり。真実信心必具名号の御釈是れ厥の義なり」と信行同時を主張する。(一巻、八丁左)

(47) 知空述『論註翼解』に、「問う、上に信心歓喜といい、次に乃至一念という。あに安心起行の次に非ずや。もししからば何ぞ一念につきて安心の解をなすや。答う、文は起行に似たれども、当流の正意の安心を正とし、信は行を離れず、行は信を離れず、所信の法体、信行具足す。能信の行人もまた信行を具す。一時に相即して心行円融す」と信行同時を主張する。(五巻、一八丁左)

(48) 崇廓述『願文随聞記』に、「念仏の言は能所に通ず」とある。(二丁右)

(49) 崇廓の示す他の三義とは、信に約し、行に約し、行信展転に約すもの。信に約す根拠に、「信一念釈」を始め、『論註』「十念釈義」を挙げ、行に約す根拠に、『礼讃』「前序」、『選択集』「乃至下至」の釈、「行一念釈」を挙げ、行信展転に約す根拠に、『礼讃』「深信釈」、『略典』「三法列釈」を挙げて釈している。(同、三十丁左〜三十四丁左)

(50) 中島慈応氏『真宗法脈史』に、「三業不正の邪義に心酔し、遂に『傍観正偽編』一巻を著し、以て大麟の『安心正偽篇』を批難す」とある。(『真宗法脈史』一三六頁参照)

(51) 法霖述『文類聚鈔蹄涔記』に、「決得の体に約すればすなわち心行同時、もし行相に約すれば信前行後なり」と、同様の文言がみられる。(一巻、二十三丁左)

(52) 崇廓は随所に「信行不二」の語を用いて行信論を展開する。例えば、『助覧』(十九丁右、二十五丁左)や『論註疏』四巻(三十一丁右に二カ所、五十三丁左)等にもみられる。

著者紹介　①生年、②在住県名、③学歴、④職歴

内藤知康（ないとう　ともやす）
①一九四五年、②福井県、③龍谷大学文学研究科博士課程単位取得満期退学／本願寺派宗学院卒業、④龍谷大学名誉教授／本願寺派勧学／覺成寺住職

井上善幸（いのうえ　よしゆき）
①一九七一年、②山口県、③龍谷大学文学研究科博士課程単位取得満期退学／本願寺派宗学院卒業、④龍谷大学教授／本願寺派輔教／徳善寺住職

西　義人（にし　よしんど）
①一九七三年、②京都府、③龍谷大学文学研究科博士課程単位取得満期退学／本願寺派宗学院卒業、④浄土真宗本願寺派総合研究所上級研究員／龍谷大学非常勤講師／京都女子大学非常勤講師／本願寺派輔教

稲田英真（いなだ　えいしん）
①一九七六年生、②大分県、③龍谷大学文学研究科博士課程単位取得満期退学／本願寺派宗学院卒業、④元浄土真宗本願寺派総合研究所研究員／元京都女子大学非常勤講師／本願寺派輔教／光國寺副住職

井上見淳（いのうえ　けんじゅん）

①一九七六年生、②福岡県、③龍谷大学文学研究科博士課程単位取得満期退学／本願寺派宗学院卒業、④龍谷大学准教授／中央仏教学院講師／元浄土真宗本願寺派総合研究所研究員／本願寺派輔教／正恩寺副住職

塚本一真（つかもと　かずまろ）

①一九七七年生、②京都府、③龍谷大学文学研究科博士課程単位取得満期退学／本願寺派宗学院卒業、④浄土真宗本願寺派総合研究所研究員／京都女子大学非常勤講師／本願寺派輔教

恵美智生（えみ　ともお）

①一九八〇年生、②大分県、③龍谷大学大学院文学研究科博士課程単位取得満期退学／本願寺派宗学院卒業、④本願寺派輔教／本願寺派布教使／浄光寺副住職

那須公昭（なす　きみあき）

①一九八〇年生、②京都府、③龍谷大学大学院文学研究科博士課程単位取得満期退学／本願寺派宗学院卒業、④浄土真宗本願寺派総合研究所研究員／京都女子大学非常勤講師／本願寺派輔教

三浦真証（みうら　しんしょう）〈旧姓藤田〉

①一九八一年生、②奈良県、③龍谷大学大学院文学研究科博士課程修了／本願寺派宗学院卒業、④博士（文学）／龍谷大学非常勤講師／京都女子大学非常勤講師／元浄土真宗本願寺派総合研究所研究員／本願寺派輔教／光明寺副住職

親鸞教義の諸問題

2017年5月21日　第1刷

編　者　内　藤　知　康
発行者　永　田　　悟
印刷所　㈱図書印刷　同　朋　舎
製本所　㈱吉　田　三　誠　堂
発行所　永　田　文　昌　堂
京都市下京区花屋町通西洞院西入
電　話　075(371)6651番
FAX　075(351)9031番
振　替　01020－4－936

ISBN978-4-8162-3045-5　C1015